悔いのない人生

死に方から生き方を学ぶ「死生学」

【大活字版】

齋藤 孝

はじめに
死を考えることは最大の自己変革につながる

今は「死に方」がわからなくなっている時代ではないかと思います。

高度に医療が発達し、人々は長寿を享受できるようになりました。長生きはそれ自体、非常に喜ばしいことです。しかしながら、それは同時に私たちにむずかしい問題を突きつけることにもなりました。

超高齢化社会にあって、私たちはさまざまな選択に迫られています。暮らしが成り立たなくなった時、家族や介護者に支えてもらうのか、介護施設に入るのか。いよいよという時に延命治療をするのか、あるがままに身を任せるのか。さらには病院で最期を迎えるのか、自宅で看取ってもらうのか。近代になって人それぞれ自由な生き方ができるようになったのと同じように、死に方にも選択肢が生まれ、そのぶんどうすることが自分の人生にとって最適なのか、迷いが生じるようになりました。

また、ガンをはじめ死期をある程度予測できる病に多くの人々が直面するようになったことも、「死に方」に迷う大きな要因になっていると言えるでしょう。死を前に、残された時間をいかに生きるか。あるいは、刻々と迫る死の恐怖や不安とどう向き合うか。まわりにいる家族や身近な人々にとっても、その人を最期までどう支えるかというのは切実な問題です。こうして多くの人々がそれぞれ自分の「死に方」に向き合わざるを得ない状況が生まれています。

人類にとって死は永遠の謎です。当たり前ですが、生きている人間は誰も死を経験したことがありませんし、死んだあとに自分がどうなるかもわかりません。その人生最大の「わからないこと」をどうにか受け入れて生きていくために、人々はさまざまな死生観を生み出してきました。

キリスト教やイスラームでは、肉体は死後復活すると考えられてきました。一方、仏教では肉体は滅びても魂は残り、ふたたび別の人間や生物に生まれ変わるという輪廻転生の思想が信じられてきました。ひるがえって日本の民間信仰をみてみると、柳田國男をはじめ多くの民俗学者が指摘しているように、死者は身近な存在としてとらえられてきたことがわかります。死後の世界は天国や極楽浄土のような別世界ではなく、山や海の向こうといった身近なところにあり、祭りなどのたびにこちらの世界へやってきて、生者と交流を持つと考えられてきました。

そうした死生観に基づき、葬送儀礼もまたさまざまに形づくられてきました。しかしながら合理主義的な考えが広まった近代以降、宗教や民間信仰は次第にその力を失い、「死に方」の作法も崩れていきました。その結果、それまで社会全体で受け止めていた「死」という未知なるものを個人個人が背負わなければいけなくなったのです。

私自身、人生の後半戦を過ぎた四十代で体調を崩したことをきっかけに、自らの「死」について思いを馳せるようになりました。その時によりどころとなったのは、これまでも人生で折にふれて手に取ってきた古典や文学などの古今東西の書物です。すると、今まで何度も繰り返し読んできたはずの文章が新鮮に映り、新たな発見がいくつもありました。

たとえば、本書の第3章で取り上げた貝原益軒の『養生訓』は、若い頃の私にはあまりピンとくるものがありませんでした。しかし体調を崩したあとには、その言葉の一つひとつがすっと心に入ってきました。「食べすぎはよくない」「何事もほどほどに」といった益軒のアドバイスは、若い私にとっては至極ありふれたことを言っているように思えていました。しかし、実際に自分が年齢を重ねて病を得ると、その言葉を実践することがいかに大切か、身に沁みてわかるようになりました。そして、そのアドバイスを実際に生活に取り入れてみて、さらにそのよさを実感するようになりました。自分の年齢や状態によって、同じ本でも読み方が変わるというのはまさに読書の醍醐味の一つです。

そうしてさまざまな本を読み返すうち、一つのことを確信するようになりました。それは、「死」を考えることは、とりもなおさず「生」を考えることだということです。

「生」と「死」は相反するものだと一般に考えられています。しかし、生きることにすでに死は含まれています。よく「人は生まれた時から死に向かっている」などと言われます。だから「生きることには意味がない」などと言う人もいます。しかし、そうではありません。「死」という終わりがあるからこそ、「生」もまた輝きを放つことができるのです。

激動の幕末の時代にあって自分の志を貫き、三十歳で処刑された吉田松陰はそのことをよく知っていました。死に直面して、松陰はそれを悲しいとも怖いとも思っていませんでした。それどころか、松陰は死の覚悟を生きるパワーに昇華した人です。死を見つめることによって、息絶えるまでに自分が何をすべきかを切実に問いかけ、それを実行しました。だからこそ、松陰にとって死は怖れるものではなかったのです。

松陰ほど激しい人生でないにしても、自らの死について考えると必ず「これまで自分がどう生きてきたか」「これから自分はどう生きるべきか」という問いが浮かんできます。人生が有限であることを意識することで、よりよく生きようとする意志が生まれてきます。つまり、死を考えることは最大の自己変革につながるのです。

昨今は、「終活」がブームだと言われています。「終活」とは二〇〇八年に雑誌『週刊朝日』の特集で初めて使われた言葉で、「人生の終わりのための活動」を意味しています。元気なうちに、自分の人生の幕引き方を考えておきたいという人が増えているということです。

しかし、私は「死を考える」ことは、単純にお墓や葬儀を考えることではないと思います。もちろんそれも一部だとは思いますが、自分がこの世を去ったあとのことばかりが頭を占めて、肝心の「今」を生きることを忘れてしまっては意味がありません。いくら考えたところで、人生が計画通りに進んでくれるとは限らないのですから。

二〇一一年に東日本大震災が起きて以来、日本では大きな自然災害が相次いで起きています。九十歳、百歳を超える人生もあれば、突然ぷっつりと途絶えてしまう人生もあります。そうした両極端な「死」が並存するなかで、私たちにできることといえば、結局のところ一日一日を生き切るということでしかないのではないでしょうか。そして、その先に「まああの人生だったかな」「思ったより短かったけど、しかたないか」と思える最期が訪れるのではないでしょうか。それが本書を書きながら私が強く思ったことです。

本書では真摯に「死」に向き合う言葉から、よりよく生きるためのヒントを探っていきたいと思います。まずは、先に少しふれた吉田松陰が残した『留魂録』から死への向き合い方を学びます。そこからさらに、死にまつわるさまざまな問題を古典や名著をひも解きながら考えていきましょう。

武士道を説いた書で有名な『葉隠』からは、平凡な毎日をしっかりと生きるための心構えを学びます。また、老いや病という誰の身にも降りかかり得る問題を考えるにあたっては、その付き合い方の達人である貝原益軒と正岡子規に登場してもらいましょう。さらに人の命を簡単に奪ってしまう戦争という極限状況から、死に直面したときの精神の保ち方について考えます。そして、家訓から身近な人に遺していけるものを考え、最後は魂の行方について思いをめぐらせたいと思います。

本書では、取りあげた本の魅力のほんの一部しか紹介できていませんから、「いいな」と思う言葉を見つけたら、ぜひ原書も読んでみてください。そこで出会った言葉は、大切な一日一日を生き切るうえで、心の杖となってあなたを支えてくれるはずです。

齋藤 孝

悔いのない人生／目次

はじめに　死を考えることは最大の自己変革につながる……3

第1章　死の孤独から距離を置くために……17

吉田松陰の『留魂録』～処刑前日に書き終えた魂魄の叫び

死への向き合い方を教えてくれる『留魂録』……18
自分と一緒に死ぬことを厭わない人間がいるということ……20
死を迎え撃つという覚悟……22
失敗するリスクを冒してまでの行動は人の心を動かす……24
死して志を成すという狙いがあった……27
死への覚悟が周りを感化する力となる……28
「作品化される死」がもたらす威力……31
我々はみな実りをもたらす「一粒の麦」……34
人生の四季を意識する……35
「個」の死を超える「公」の思想……37
精神のＤＮＡを残す……39
死んで無になってしまう以外の生き方はちゃんとある……41

第2章　悔いのない最期を迎えるために……47

『葉隠』～現代にも役立つ武士の死生観

『葉隠』は死に方の書ではない……48
「死ぬことと見つけたり」は生の覚悟である……49
「死」の選択肢が自由を生む……51
死と隣り合うなかで生まれた武士の美学……53
太平の世が草食化を招く……55
日々の鍛錬が意識を定着させる……57
いつ死んでもいいと思いながら生きる……60
一瞬一瞬を大切に生きよ……63
過去や未来に侵食されない生き方……65
一回の呼吸は軽い死の体験である……67
「無」になる感覚を知る……70
この世はしょせんからくり人形の世界……72

第3章　老いと上手に付き合う……75

貝原益軒の『養生訓』～長寿社会における真の養生とは何か

「養生」とはほどほどにやりくりしながら命を養うこと……76
「何をどう食べるか」が「養生」の基本……78
気が滞ると病気の原因になる……80
深い呼吸で心身を整える……83
否定的な感情や心配事も呼吸で吐き出す技術……85
「出す」ことを意識すると物事はうまくいく……87
気を損なう「内慾」と「外邪」……89
自分にフィットしたところ、中庸を知ること……91
ゆるくかまえておくことが上機嫌の秘訣……93
ささいなことに楽しみを見い出す……96
長生きは楽しい！……99

第4章　病とともに生きる……103

正岡子規の『病牀六尺』～病を得たからこそわかる価値

健康だけがすべてではない……104
布団のなかで綴られた『病牀六尺』……105
闘病の苦しみを正直に表現する……107

悟りとはいかなるときも平気で生きること……109
肉体的な介護より精神的な介護……111
『楢山節考』から学ぶ老後の覚悟……115
限られた時間のなかで感じる生の手ざわり……118
動けなくても想像の翼がある……120
病人が健常者を励ますという逆説……124
大病を得たからこそわかること……125

第5章 その瞬間まで精神を保つ……129
V・E・フランクルの『夜と霧』、『きけわだつみのこえ』ほか
～極限状況の生が教えてくれること

自分の使命を見出せると人は変わる……130
極限状況を冷静に見つめた精神医学者……132
極限状態が招く無感覚の怖さ……135
絶望は死を早める……137
人生の意味を問うのではなく、人生から問われていると考える……139
希望が文化をつないできた……142

若き特攻兵たちの最後の言葉……145
親を素直に思うけなげな子どもの心……147
最期の瞬間まで自制的であること……150
日本が育んできた辞世の歌という文化……152
どんな状況でも品のある生き方はできる……155

第6章　遺された人々のために……159

西郷隆盛の『西郷南洲遺訓』ほか〜家訓に学ぶ現代にも通じる遺言の心得

「家訓」は家のＤＮＡ……160
苦難から生まれた「児孫に美田を買わず」……161
子に与えるべきは幸福をつかむための精神力……163
自分の命を個としてとらえない……166
公益と家業発展を考えた商家の家訓……170
日本経済を発展させた渋沢栄一の言葉……173
子孫へのメッセージとして書かれた自伝……176
親が姿で示し、子が言葉で記し伝える……178
身体の「型」で精神のＤＮＡを伝える……181

自分はどんな言葉を残せるか、を考えてみる……183

第7章　死者の魂に思いを馳せる……187

最古の文学『古事記』から宮沢賢治の『銀河鉄道の夜』まで
～文学作品から読み解く霊的な旅

死の「わからなさ」と向き合うために……188
お盆は死の世界と生の世界を整理するもの……190
生と死は地続きであると考えてきた日本人……193
「死」に新たなイメージをもたらした『銀河鉄道の夜』……195
身近な人間の死が教えてくれること……197
死者の魂を追いかける賢治の霊的な旅……202
先人たちの魂の旅路をたどる……204

本文写真：アフロ・毎日新聞社・ＰＩＸＴＡ

第1章

死の孤独から距離を置くために

吉田松陰の『留魂録』〜処刑前日に書き終えた魂魄の叫び

死への向き合い方を教えてくれる『留魂録』

人はみな一人で死を迎えるとはよく言います。どんなに名声のある人でも、どんなに富に恵まれた人でも、みな最期は一人でこの世から旅立っていきます。ある一定の年齢を過ぎると、家族や友人を見送ることも多くなります。大切な人との別れを経験するなかで、いずれ自分の身にも訪れる死を感じ、孤独感や寂寥感を覚える人はきっと少なからずいるでしょう。

そうした孤独感や寂寥《せきりょう》感をゼロにすることはおそらく不可能だと思います。しかし、ゼロにはできなくても、ほんの少しでもやわらげることができたらどうでしょうか。「死ぬのはやっぱり寂しいけれど、まあこれで終わりでいいか」と思えたら、人生は上出来なのではないかと私は思います。

では、死の孤独から距離を置くために、日頃からどんなことを心に留めて生きていけばよいのでしょうか。死への向き合い方を教えてくれる書として、私の頭にまず浮かぶのが吉田松陰の『留魂録《りゅうこんろく》』です。

吉田松陰といえば、松下村塾を主宰し、明治維新の立役者たちを数多く輩出したことで知られる人物です。一八五九（安政六）年に安政の大獄に連座し、斬首刑に処せられました。その死を迎える直前、獄中で記した遺書にあたるものが『留魂録』です。全十六章、五千字ほどで構成されています。

身はたとひ武蔵の野辺に朽ちぬとも留め置かまし大和魂
十月念五日　　二十一回猛士
（『留魂録』安政六年十月二十六日）

これは、『留魂録』の冒頭に置かれた歌です。現代語に訳すと「死刑になって、たとえ身体は武蔵野の野辺で死に絶えても、大和魂はここに置いておくよ」といったところでしょうか。この一首を読むと、タイトルになっている「留魂」とは「大和魂を留める」という意味であることがわかります。

では、魂を留めておいてどうするかというと、「その魂を君たちが引き継いでくれ」と暗に語りかけています。つまり、これは同志へ向けて志を継いでほしいというメッセージでした。ちなみに「二十一回猛士」とは、松陰が好んで使った号です。死ぬまでに二十一回の行動を全力で起こすという決意を込めて名乗っていたといいます。

松陰が、松下村塾を主宰していたのはわずか三年弱でした。その間、高杉晋作、久坂玄瑞、品川弥二郎、さらに伊藤博文や山県有朋など、多くの優秀な門弟たちを育てました。なかでも近しかったのは高杉晋作と久坂玄瑞です。「識の高杉、才の久坂」と言われ、二人は「松下村塾の双璧」と呼ばれていました。それから桂小五郎（後に木戸孝允）は松下村塾の塾生ではありませんでしたが、兵学を教わった松陰を人生の師と仰いでいました。

そうした弟子たちは師弟関係を結んでいるとはいえ、みんなそれほど年齢は離れていません。ですから、友人のように近しい存在です。そのような志を同じくする人たちに向けて、「自分はここに魂を留め置くから、ぜひ日本のために私が志した改革を実現してくれ」という力強いメッセージを遺したのです。

自分と一緒に死ぬことを厭わない人間がいるということ

松陰は優れた教育者でした。それは、松下村塾の塾生たちのその後の活躍を考えれば明らかです。

たとえば高杉晋作は奇兵隊を編成し、幕府を相手にする前代未聞の戦いで長州を勝利に導きました。その勝利が契機となり、長州と薩摩は手を組み、徳川幕府の時代を終わらせました。そして樹立された明治新政府では、伊藤博文が日本初の総理大臣になったのをはじめ、松陰の影響を受けた多くの長州人たちが要職に就きました。

教育学者としてふだん学生たちを指導している私としては、教育者としての松陰には非常に興味があります。

松陰の行った授業は、当時としては画期的なものでした。たとえば古典の授業では、ただ内容をなぞるだけではありませんでした。現在の自分たちがその古典をどう読み、日本や世界で現実に起きている問題にどう生かせばいいかを、松陰は生徒たちに熱く問いかけました。そこではマイケル・サンデルの『ハーバード白熱教室』さながら、教師と生徒が徹底的に議論し合い、解決策を見い出していくというディスカッション形式の授業が繰り広げられていたのです。

塾生たちから学ぶ意欲を引き出し、思考力、判断力、表現力を養う。まさに現代の教育で求められている問題解決型の学習です。松下村塾は、そんな先駆的な学びの場でした。

ただ、教育者として優れているというだけでは、松陰は単なる「よい教師」で終わっていたのではないかと思います。松陰は教え子たちと単なる師弟関係を超えた情熱で固く結ばれていました。そして、それはやがて日本を大きく動かす原動力になっていきます。当時の松陰と教え子たちとの熱い関係は、松陰が残した膨大な書簡からも読み取れます。

門下少年輩僕と死生を同ふし候者又十数人も有之候。

（安政五年十二月二十一日「大原三位宛書簡」『日本思想大系54　吉田松陰』）

これは、尊王攘夷を唱えた公卿の大原重徳に宛てた手紙の一節です。「門下生のなかには少年たちがいて、私と生きるのも死ぬのも同じくするものが十数人いる」とはすごいことではないでしょうか。

生きるのを同じくする人間がいることは、比較的あり得ることだと思います。しかし、自分と一緒に死ぬことを厭わない人間が十数人もいるとは、なかなか言い切れるものではありません。それほどまで熱い思いを共有できていたということでしょう。

では、松陰の何が若者たちの心をとらえたのでしょうか。

松陰がふつうの指導者とは決定的に異なるところ、それは松陰の死生観にあると私は思います。そして、その死生観をもっともよく表しているのが『留魂録』なのです。

死を迎え撃つという覚悟

『留魂録』から読み取れるのは、松陰の死への積極的な向かい方です。先ほど紹介した冒頭の歌からもわかるように、彼は獄中でただ座して死を待つように見えて、じつは「死を迎え撃つ」覚悟でいました。

松陰の死に方は、決して美しいものとは言えません。切腹ならば武士としての最期の誇りは保たれますが、首を斬られるというのは罪人として処せられるということを意味しています。

しかし、松陰は毅然とした態度で死を迎え入れました。たとえ刑死であっても、志を持つゆえの死です。死してなお魂は残るのだから、潔《いさぎよ》く受け入れるものであるというのが松陰の考えであったでしょう。

そうした松陰の最期は、「死」を前にした人間の落ち着き具合として大変参考になります。たとえ病死であったとしても、ふつうは自らの死をなかなか受け止めきれないものです。しかも斬首となれば、なおさら平常心ではいられません。にもかかわらず、松陰は首を斬られる直前、刀を持ったお役人に「御役目ご苦労さまです」と言ったと言い伝えられています。その見事な最期は、私たちに自らの死にどう向き合うべきか問いかけてきます。

人間にとって死とは、予測不能の抗《あらが》いがたい運命です。ドイツの哲学者ハイデガーは『存在と時間』のなかで、我々は運命に不意打ちされる、つまり死というものに突然襲われるものだと語っています。

死があるために、私たちは無限の生を生きることはできません。だから、人間というのは時間的存在であると考えることができます。時間的存在であるならば、人間にとって本来的な生き方とは、限られた時間の中で死を意識しながら生きることだと、ハイデガーは説きました。逆に死をないものとして忘れ去り、おしゃべりをしながら誤魔化して生きることは非本来的な生き方であるとしたのです。

しかしながら、あらためてハイデガーに言われなくとも、松陰の生き方を見ると、死が当然の前提として存在していることがわかります。むしろ、「死なくして生なし」というのが松陰の生き方そのものなのです。

失敗するリスクを冒してまでの行動は人の心を動かす

松陰の人生は、失敗の連続でした。自らを「狂っている」と語ったとおり、松陰は「狂の人」でした。無謀な行動を繰り返しては捕まり、二十代の半分ほどを獄中や幽閉の身で過ごしています。

たとえば松陰は、二十二歳の時に脱藩を実行しています。きっかけは東北への旅行でした。兵学者だった松陰にとって、最大の関心事は国をどう守るかでした。あるとき、東北地方の海防は大丈夫だろうかと考え、実際に現地を旅することを計画します。その際に長州藩からの通行許可がなかなか下りないことにしびれを切らし、許可がないまま出かけてしまいます。そして、江戸に戻ってきたところを脱藩の罪に問われ、藩士の身分を剥奪されて萩へ送還されてしまいました。

また、一八五四（嘉永七）年に黒船が再航した折には、外国の実情を知りたいと弟子の金子重輔《しげのすけ》とともに黒船に乗り込みます。しかしながら渡航を拒絶され、陸に返されてしまいました。そこで彼らは、いずれ捕まるのだからと下田奉行所に自首して牢屋敷に入れられています。

こうして「どうぞ、捕まえてください」と言わんばかりの行動を繰り返したすえに、最後は取り調べの最中にわざわざ自分から老中暗殺計画をしゃべってしまいます。そのために刑が重くなり、刑死という最期を迎えてしまいました。

しかし、いくら失敗を重ねても、本人はまったくそれを意に介していません。なぜなら、松陰には目指すところが明確にあったからです。

右数条、余徒《よと》らに書するに非《あら》ず。天下の事を成すは天下有志の士と志を通ずるに非ざれば得ず。（中略）今日の事、同志の諸士、戦敗の余、傷残《しょうざん》の同士を問訊《もんじん》する如くすべし。一敗乃《すなわ》ち挫折する、豈《あ》に勇士の事ならんや。切《せつ》に嘱《しょく》す、切に嘱す。

（『留魂録』安政六年十月二十六日）

私は『留魂録』というこの遺書を、何の目的もなく書いたわけではない。同志のみんなに志を通じたいがためだ。私が戦いに敗れたことを、「なぜそうなってしまったのか」と厳しく問い詰めてくれ。（中略）私の失敗は志の挫折を意味するものではない。この失敗があればこそ、天下の大事を成し遂げることができるのだ。頼んだぞ、頼んだぞ。

（齋藤孝『超訳 吉田松陰語録　運命を動かせ』）

これは、『留魂録』の終盤に綴られている一節です。現代語訳は、以前私が吉田松陰の語録を解説した本をまとめたときに書いたものです。

いまの時代は、失敗を極端に恐れる風潮にあります。失敗をすぐさま挫折と捉える人も少なからずいると思います。しかしこの一節からもわかるように、松陰は失敗を挫折とは考えていませんでした。

失敗を必要以上に恐れて何もしないのであれば、失敗するリスクを冒してでも行動したほうがいいと考えていました。なぜなら、失敗は人の心を動かすものだからです。人は物事を無難にこなして成功をつかんだ人物より、無謀とも思えることに果敢に挑戦して失敗した人物のほうにより魅力を感じるものです。そのことを松陰は十分心得ていたのでしょう。

ですから、松陰は自らの手痛い失敗を同志たちに見せることで、彼らを奮起させようとしました。その最大にして最後の失敗（かつ成功）というべきものが「死」であったのです。

死して志を成すという狙いがあった

松陰は常に死を意識するどころか、死に急いでいた節があります。そのことは、書簡の言葉の端々から伝わってきます。

生《いき》て事が成らねば死で事を成すなり。（中略）其《その》時は僕が狂を恕《ゆる》せよ〳〵。

（安政六年三月二十日「入江杉蔵宛書簡」『日本思想大系54　吉田松陰』）

これは、塾生の入江九一（杉蔵は通称）に宛てた書簡です。「生きて志を実現することができなければ、死んで実現したい」と語り、「そのときは、自分の行きすぎた一途な思いを許してくれ」と訴えています。死んでもいいから大事を成し遂げたいという、あふれんばかりの思いがよく表れています。

またその一週間ほど前にも、品川弥二郎に宛ててこう綴っています。

吾年三十、是迄死を決すること中々両三度に止らず。然共《しかれども》遂《つい》に死せず。かく云はゞ松陰がうそ云《いう》と云《いは》うが、どうしても人が殺しては呉れぬ。今度要駕も恐くは死に至るまいと夫《それ》のみ苦心じや。

（安政六年三月十三日頃「品川弥二郎宛書簡」『日本思想大系54　吉田松陰』）

三十歳までに死を覚悟したことは三度あったけれど、「いつもうまく死ねなかった」と言い、「どうしても人が殺してくれない」、つまりなかなか死ぬことができないことを嘆いています。最後の「苦心じや」とは「心配だ」という意味です。つまり、松陰はまた今回も死なないのではないかと案じています。

死ぬことを心配するならわかりますが、死なないことを心配するとは凡人には理解しがたい心境です。しかし、死ぬことよりももっと大切なことが松陰にはありました。それは、志を実現することです。

死ねば、自分が抱いている志の本気度がより一層、同志たちに伝わるに違いないと松陰は考えたのでしょう。やがて死を切望するようになっていきます。

死への覚悟が周りを感化する力となる

死というものを自分の内側に招き入れ、常に死と背中合わせに生きる。その確固たる死生観は、松陰の生きるパワーとなり、クリアな人格を形成するのに貢献しました。

さらにはその死が、多くの若者を巻き込む感化力を生みました。もし松陰が死についてこ

吉田松陰幽囚の旧宅

こまで覚悟を決めていなかったら、彼の言葉がこれほどまでに感化する力を持ったかはわかりません。

松陰は、自分の死が与える影響力の大きさを十分承知していました。

自ら死ぬ事の出来ぬ男が決て人を死なす事は出来ぬぞ。夫《そ》れよりは十分死なれる程功を立つるがよし。

（安政六年四月十四日「野村知作宛書簡」『日本思想大系54　吉田松陰』）

これは、野村知作に宛てた長文の書簡です。「自ら死ぬことのできない男は、決して人を死なすことなどできない」とは、要するに死ぬほどの覚悟がなければ、人を感化することなどできないと語っています。

そして、この後に「草莽崛起《そうもうくっき》」という有名な言葉を記しています。

「草莽」とは『孟子』においては草木の陰に潜む隠者のことです。「崛起」とは、一斉に立ち上がるという意味です。つまり、「在野にいる志士たちよ、立ち上がれ」と、松陰は呼びかけたのでした。

松陰は、自分が捨て駒となって死んでみせることで、同志たちの決起を促そうとしました。

ただ死にゆくのではなく、自分の死によって未来の方向性を指し示したのです。

結果、松陰の死は熱い共感を引き起こしました。松陰先生の志を引き継ぎ、命を賭けてでも日本を変えていくんだという思いがどんどんと広がっていったのです。それは同時に受難が伴うことを意味していましたが、受難を得てもなお志を貫くのだという強い決心を若者たちに与えたのです。残された手紙は同志たちの間で回し読みされ、松陰は死して倒幕・維新のシンボルになりました。

刑死でありながら、弟子たちへの強烈なメッセージでもあった松陰の死。それは、いわば「死の作品化」とも言える最期でした。

「作品化される死」がもたらす威力

「作品化される死」は、後世に多大な影響をもたらします。人類のなかで、もっとも作品化された死といえば、イエス・キリストの死をおいてほかにないでしょう。

イエスの受難の様子は、マタイをはじめとした弟子たちの手によって新約聖書に記されています。自ら十字架を背負ってゴルゴダの丘に行き、手や足に釘を打ち込まれ、「神は私を見捨てられたか」と言って息絶えていきます。いまも教会に十字架が掲げられているのは、磔《はりつけ》という刑死が人々にあまりにも強烈な印象を残したことの証にほかなりません。

そもそもイエスが磔にあったのは、ユダヤ教徒が「死刑にしろ」と言ったからです。しかしながら、反逆的な存在だったイエスを弾圧したつもりが、むしろイエスへの信仰の炎を燃え上がらせる一番の原因になってしまいました。

おそらくイエスは、死が個人的なものとして終わるのではなく、他の人々の心に火を点けるであろうことを十分意識していたのではないかと思います。

イエスは、前もって誰かが自分を裏切ると言い、それによって自分が捕らえられることを予見しています。ですから、自分の死後にどういうことが起きるかも当然、想像の範疇だったと思います。結果、イエスの死は、人類史上もっとも記憶に残る死に方として世界中で共有されています。

「神は私を見捨てられたか」という言葉も、神への不信感ではなく、旧約聖書のある詩篇の冒頭部の引用で神への信仰心のあらわれという解釈もあります。

キリストよりも数百年前、古代ギリシャのソクラテスも死を作品化した人です。

話せば長くなりますから簡略に申しますと、青年たちと議論を交わしていたソクラテスは、彼らを誘惑し悪い方向に導いているという嫌疑をかけられます。実際には、ソクラテスは議論を通じ、「自分は知っているつもりで実はわかっていなかった」ことに「気づく」、すなわち「無知の知」を自覚するよう導いていました。

法廷に立つソクラテスを描いたプラトンの『ソクラテスの弁明』では、非常に理路整然としたソクラテスの言葉が記されています。しかしその弁明の甲斐もなく、死刑判決が下ってしまいます。結局のところ、ソクラテスは、若者たちに弁論術や処世術を教えることでお金をもらっていたソフィストたちからの嫉妬によって殺されてしまったのです。

死刑宣告を受けた後、脱獄を勧める老友クリトンとの対話を記した『クリトン』という書があります。同書には、じつはソクラテスは逃げることができたのかもしれないと思わせる記述があります。でもこの偉大な哲学者は逃げることはせず、自分の死にどんな意味があるのかをちゃんと弁明した後、毒杯を仰いで亡くなりました。

ソクラテスの死は、いわゆる冤罪《えんざい》です。しかしながら彼は「法の正義」を優先させ、静かに死を受け入れました。この死もまた松陰と同じく、自ら迎え撃つ死であったと言えるでしょう。

その死もまた、後世に大きな影響を与えたことは言うまでもありません。そのもっとも大きな功績がプラトンの仕事です。

ソクラテスの死に衝撃を受けたプラトンは、この偉大な哲学者を主人公にした対話篇を著します。あの時、ソクラテスがあのような死を迎えなければ、そしてその死がプラトンに衝撃を与えなければ、私たちはソクラテスという存在を今日のようにくわしく知ることはできなかったでしょう。プラトンが書き残してくれたおかげで、古代ギリシャ哲学の大きな源流が生まれたのです。

我々はみな実りをもたらす「一粒の麦」

イエスやソクラテス、松陰のようにその後の歴史に多大な影響を及ぼすほどの死に方を、ほとんどの人は真似できないでしょう。しかし、後世に生きる私たちは、こうした偉人の死に学ぶことはできます。そのことを教えてくれるイエスの言葉があります。

一粒の麦がもし地に落ちて死ななければ、それは一つのままです。しかし、もし死ねば、豊かな実を結びます。

（ヨハネの福音書12章24節）

一粒の麦がもし死ななかったら多くのものを実らせることはできません。しかし、死んで地に落ちるなら、次なる季節に豊かな実りをもたらします。イエスの死は、後世に多くの実りをもたらしました。それはソクラテスも松陰も同じです。

人間の一人の死というものが、実りをもたらす死でもありうる——。

「個人が死んだらそこですべてが終わる」と考えたら、死ぬことが怖く、また寂しく感じられることでしょう。しかし、自分の肉体が果てた後に、次の者を育てる一粒になると思えることができたならどうでしょうか。

ソクラテスやイエス、吉田松陰らと自分たちを並べるのはおこがましいかもしれません。しかし、私たち一人ひとりもまた一粒の麦です。

自らの命が連綿として続いていくものの一つであるとするなら、自分の存在は「個としての死」を超越して、この世に生きながらえていくと想像できます。そう考えることができたなら、死の孤独から逃れ、少しは安らかな気持ちになれるのではないでしょうか。

人生の四季を意識する

奇しくも、吉田松陰もイエスと似たようなことを言っています。『留魂録』の八章で、「人生には春夏秋冬がある」と語る有名な一節です。

義卿《ぎけい》三十、四時已《すで》に備はる、亦《また》秀で亦実る、其《そ》の秕《しいな》たると其の粟《ぞく》たると吾が知る所に非《あら》ず。若《も》し同志の士其《そ》の微衷《びちゅう》を憐み継紹《けいしょう》の人あらば、乃《すなわ》ち後来《こうらい》の種子《しゅし》未《いま》だ絶えず、自ら禾稼《かか》の有年《ゆうねん》に恥《はぢ》ざるなり。同志其《こ》れ是れを考思《こうし》せよ。

(『留魂録』安政六年十月二十六日)

自分は三十歳で死期を迎えるけれど、「短いなりに春夏秋冬の四季があった」と語ります。そして、その実が単なる籾殻か粟かはわからないけれど、私の種子、つまりは志を継ぐ人があるなら「何ら恥ずべきことはない」と言い切り、「だから同志諸君、そのことをよく考えてくれ」と締め括っています。

この一節は、いったい何歳まで生きれば納得するのかという問いを私たちに突きつけてきます。

現代の感覚で言えば、五十歳で亡くなるのは、早すぎでしょう。六十歳でもまだ早い気がします。七十歳だとそれなりに生きたと思えるかもしれませんが、八十歳、九十歳まで生きてやっと大往生と言えるというところではないでしょうか。でも、納得のいく生というのは、生きた長さではないとこの一節は語っています。

たとえ八十、九十歳まで生きることができたとしても、そこに何の種子もなければ、少し寂しい気がします。

ひるがえって、もし自分が種子を残せていると思うのであれば、実りの秋を終えたということを意味しています。ならば、ここで冬である死を迎えてもかまわないと思えるのではないでしょうか。

私たちは、死は常に不意打ちでやってくると思っています。しかし、自らの生の春夏秋冬を意識し、死を迎え撃つ準備をする生き方もあるということを、松陰の言葉は教えてくれているのです。

「個」の死を超える「公」の思想

では、種子とはいったいどのようなものを指すのでしょうか。

たとえば自分の子どもという存在は、ＤＮＡという形でわかりやすく種を伝えると言えます。子孫を残すことによって、かなりの平穏が得られることもたしかです。子どもがいて、孫がいるのだから、先に死ぬのは自分だろうと自然に考えるようになるでしょう。

しかし、松陰の場合は子孫を残したからそれでいいというような類《たぐい》の種子ではありません。もっと多くの同志たちに思いを、志を、残していく。それも大きな視点に立脚し、日本という国のために種子を残そうとしたのです。

松陰の志を考えるにあたり、彼にとっての「公」の概念を理解する必要があります。松陰は、自分の「個」としての幸せを考えたことがない人でした。「私」と「公」だったら「公」

を圧倒的に優先します。「公」のためになることしか考えていません。そもそも「私」の利益を優先させるという発想がないのです。

その背景には、玉木文之進《ぶんのしん》という兵学者の叔父が徹底的に鍛え上げたという生い立ちがあります。松陰の生涯をたどるには、司馬遼太郎さんの『世に棲む日日』が小説仕立てで読みやすいでしょう。そうした小説などを読むと、松陰という人がいかに「公」を重視するという武士の生き方を徹底した人であったかが伝わってきます。

ただ、松陰が考える「公」は、それまでふつうに考えられてきた「公」とは少し違います。

当時の「公」は、藩主もしくは幕府、将軍に対する奉公の意識を指していました。しかし、松陰の場合は日本国というものを対象として考えています。

日本国を守るという観点で言うと、奉公すべきは日本国の象徴である天皇になります。天皇を中心として日本という国があり、それを守るべきだと考えていました。

ですから彼は、藩や幕府の言うことなど終始聞く耳を持ちませんでした。それどころか日本のためを思うあまり、当時の常識とはかけ離れた発想と行動に次々と出た挙句、刑が重くなることを自ら進んでしゃべってしまったわけです。

それは、単に松陰が性急な性格だったからかというと、そうではありません。「私」という発想がない松陰にとって、自分が不利になることなど初めから念頭になかったのです。

松陰は、このままではいずれ日本は欧米の列強に植民地化されてしまうと危惧していました。そのためにも早く近代国家をつくり、日本の独立を守らなければいけないと考えていました。だから自分の身を案じるより、米国と勝手に不平等条約を結んでしまった幕府を諫《いさ》めようとしたのでした。松陰には次の時代を見据えた、広い意味での「公」の意識があったのです。

精神のＤＮＡを残す

松陰の生き方、あるいは死に方が教えてくれるのは、「公」の視点を持つことが「個」としての死を超える方法であるということです。

もちろん松陰のように、一〇〇％「公」の発想を持ち、「個」としての死をまったく考えないというのは無理でしょう。そういう意味では、直接私たちの参考にはならないかもしれません。

また、死をも厭わないような熱い友情というのも現代ではなかなか手に入りにくいものでしょう。人間関係が希薄になっている現代からすれば、吉田松陰は溶鉱炉《ようこうろ》みたいに熱すぎる人かもしれません。激動の幕末は、「友に託す」という形で、ここまでの思いを友という者に持てた時代でもありました。

しかし、心のどこかで私たちは同じ志を持つ人と通じ合い、「じゃあ、頼んだよ」と言いたい気持ちがあると思います。もしそう言えるのであれば、少しは死に向かう孤独もやわらぐはずです。松陰の半分は無理としても、「松陰含有率5%」ぐらいの気持ちで、何かしらの志を若い世代に向けて伝えていくということを考えてみてはどうでしょうか。

とはいうものの、現代では次世代への受け渡しが難しい面もあります。六十歳や六十五歳で定年を迎えると、人生がひと区切りして、セカンドライフが始まってしまいます。そうすると、会社にいた時代は志を持って、後輩を教えてきたけれど、辞めたとたんに志から遠のいてしまいます。会社員のつらさは、ある一定の年齢になると仕事から離れてしまうというところにもあると思います。

そこで一つの生き方として、仕事をしているうちに何かしらの精神のDNAというものを残そうと試みることです。何かを残してきたという自負があれば、自分が六十代や七十代でリタイアしても、八十歳、九十歳で「あのとき、ああいうものを残してきたなあ」と考えることができます。

以前『プロジェクトX』という番組があったのを覚えている方も多いと思います。さまざまな大プロジェクトを取り上げ、そのプロジェクトにかかわった無数の無名の人々を記録した番組です。

番組に登場する人たちからは、次の日本をつくるんだという意気込みがひしひしと伝わってきました。あのような意義あるプロジェクトのなかで、自分自身の存在感を感じ、後世にバトンを受け渡したという思いがある人は確実にいると思います。

このように松陰のような偉人でなくても、何らかの事業に参画することで、次の世代に自分の存在を伝えていくことはできます。

たとえば黒部ダムをつくった人は、亡くなるときに、「いろいろ大変だったけど、黒部ダムをつくったな」と振り返ることができるでしょう。新幹線を開通させるのに貢献したのであれば、それがたとえ地味な仕事であろうとも、次の世代の日本を支えるものをつくったと考えることができます。

「個」としての名前が残らなくてもかまわないのです。自分の行為、行動が次の時代を生み出していると感じられれば、そこで自分の人生は「無駄じゃなかった」と思えるはずです。

死んで無になってしまう以外の生き方はちゃんとある

私自身を振り返ってみると、二〇〇一年に『声に出して読みたい日本語』という本を出版したことは、一つ「残した」と思えることです。さらに本を出版したすぐ後に、ＮＨＫのプロデューサーから「番組化したい」と頼まれ、『にほんごであそぼ』という番組が二〇〇三年から始まりました。

番組で使う言葉を選ぶ作業をもう十数年続けているので、この番組を見たことがあるという若い人はかなりの数に上るでしょう。そのなかには、私が番組の総合指導をしているということは知らなくても、幼児期の記憶のなかに番組を通じて知った日本語の美しさが溶け込んでいるという人もいるはずです。

だとしたら、自分としては「『声に出して読みたい日本語』を出してよかったな」とか「そういう番組にかかわってよかったな」と思って死ねるでしょう。

ですから、もし死の孤独が忍び寄ってきたら、いいことだけを思い出してみてはどうでしょうか。「あの仕事は後世の役に立った」とか「孫ができたのはけっこう立派なことだよな」などと思い返して、自分の人生を肯定してみてください。

肉体はいつか滅びますが、精神というものは肉体が消えた後も連なっていきます。吉田松陰の生き方、死に方から感じられるのは、気持ちの大きさ、強さというものです。死んで無になってしまう以外の生き方がちゃんとあるじゃないかということを力強く示してくれています。


心なることの種々《くさぐさ》かき置きぬ思ひのこせることなかりけり

吉田松陰らの墓

呼びだしの声まつ外《ほか》に今の世に待つべき事のなかりけるかな
討たれたる吾《わ》れをあはれと見ん人は君を崇《あがめて》夷払《えびす》へよ
愚かなる吾れをも友とめづ人はわがとも友どもとめでよ人々
七たびも生きかへりつつ夷《えびす》をぞ攘《はら》はんこころ吾れ忘れめや

（『留魂録』安政六年十月二十六日）

これから私は死出の旅に出る。あとは死への呼び出しの声を待つのみ。思い残すことは何もない。私には同志がいる。七回でも生き返って、彼らとともに国の独立に力を尽くしたい思いがある。だから、いまは心安らかに死を迎えられる。

（齋藤孝『超訳 吉田松陰語録　運命を動かせ』）

これら五首は『留魂録』の最後に記されている、いわば松陰の辞世の歌です。ついにこのときがきたということで呼びだしの声を待つ静かな心持ちが表れています。自分が死んだ後も志は受け継がれると確信していたからこそ、死を目前にしてこのように安らかな心でいられたのだと思います。

死への孤独に囚われそうになったら、この歌を声に出して読んでみてください。読んでいるうちにきっと「死ぬのが寂しいなんて言っている場合じゃないなあ」という気持ちになってくると思います。

第2章 悔いのない最期を迎えるために

『葉隠』～現代にも役立つ武士の死生観

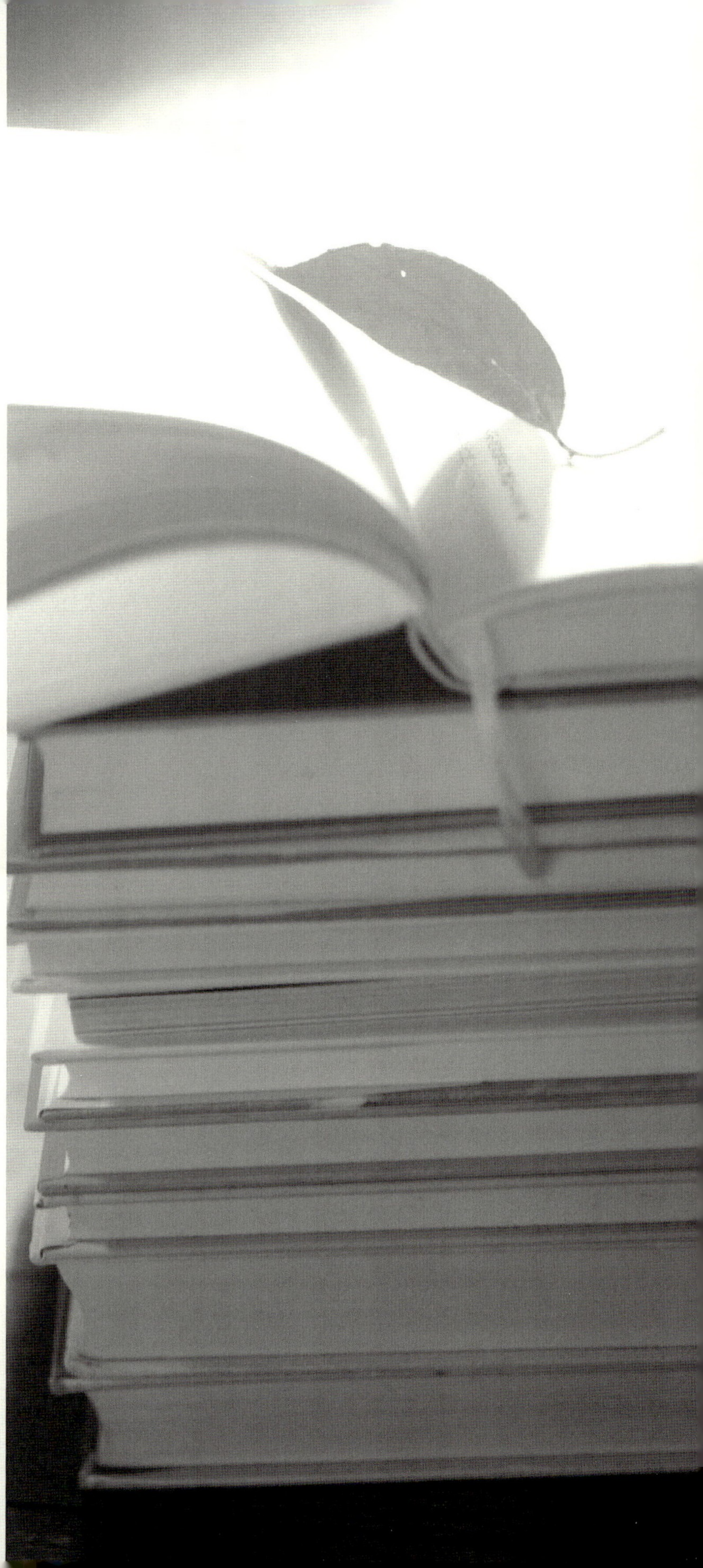

『葉隠』は死に方の書ではない

できれば、あまり後悔せずに人生の最期を迎えたい。自分の人生、大満足とまではいかなくとも「まあまあいい人生だった」と思いながらこの世を去りたいと思う人がほとんどだと思います。しかしながら、本当のところ最期に自分が何を思うかは、実際に直面してみないことにはわかりません。

では、その未知なる瞬間に向かって、私たちは一日一日をどう生きていけばいいのでしょうか。その問いに対して、多くの示唆を与えてくれる一冊として、私は『葉隠《はがくれ》』を挙げたいと思います。

『葉隠』といえば、「武士道とは死ぬことと見つけたり」という言葉が非常に有名です。

この言葉を知らない人はいないくらいだと思いますが、実際に『葉隠』を読んだことがあるという人は意外と少ないのではないでしょうか。

本書は、安定期を迎えた江戸時代中期に、肥前国佐賀鍋島藩の藩士だった山本常朝《じょうちょう》の話を田代陣基《つらもと》が筆録したものです。山本常朝は早死にしたわけではなく、六十歳という当時では長生きの部類に入る人生を生き切っています。

全十一巻からなるこの書に記されているのは、死に方ばかりではありません。主なテーマは奉公する人間の心得です。殿様へ仕えるときにはどのような心構えが必要かといったことから、酒の席でいかに振る舞うか、外見をどう保つかといったことまでこと細かに説いています。

近年、『葉隠』はビジネスの世界でも引き合いに出されることがあります。現代のビジネスパーソンが組織に対してどう貢献するかといったテーマとしても読み替えることができるからです。

それほど幅広い内容であるこの書が、どう悔いなき最期とつながっているのでしょうか。それをこれからお話ししていきましょう。

「死ぬことと見つけたり」は生の覚悟である

『葉隠』を解説した本は数多くありますが、なかでも三島由紀夫による『葉隠入門』が有名です。その冒頭で、三島は『葉隠』こそが唯一自分の手元に残っている本だと語っています。

戦争中から読みだして、いつも自分の机の周辺に置き、以後二十数年間、折にふれて、あるページを読んで感銘を新たにした本といえば、おそらく「葉隠」一冊であろう。わけても「葉隠」はそれが非常に流行し、かつ世間から必読の書のように強制されていた戦争時代が終わったあとで、かえってわたしの中で光を放ちだした。

（三島由紀夫『葉隠入門』）

『葉隠』は武士道を説いた本として、戦時中には玉砕や自決を正当化する論拠として熱心に読まれました。それが、戦争が終わったとたんにほかの戦時中に流行した本と一緒に「忘れ去られるべき汚らわしい本の一つと考えられ」るようになったと言います。

しかし、三島の考えは違いました。今の時代だからこそ、この書が真価を発揮すると考えました。理由は、この「武士道とは死ぬことと見つけたり」という有名な言葉が「この本全体を象徴する逆説」であることに気づいたからだと述べます。

では「武士道とは死ぬことと見つけたり」が逆説であるとは、いったいどういうことでしょうか。それは後に続く文を読んでみれば納得できると思います。

二つ二つの場にて、早く死方《しぬかた》に片付《かたづく》ばかり也。別に子細なし。胸すわつて進む也。

（『葉隠』聞書第一）

「二つ二つの場にて」とは、死ぬか生きるかの時を指しています。そういう万が一のときに、「死ぬ方に片付くばかり」だと覚悟していれば、腹が据わって前に進むことができるという意味です。

死ぬことを意識するから、生きる力が生まれてくる。だから、自分はこの本から生きる力を与えられるんだと三島は語りました。つまり、「武士道とは死ぬことと見つけたり」とは、死に方について語っているようでいて、じつはどう生きるべきかを指南している言葉であったということです。

「死」の選択肢が自由を生む

三島が指摘したように『葉隠』は「死の哲学」ではなく、「生の哲学」を説いた書でした。それは、実際にページをめくってみれば明らかです。山本常朝が考える「生の哲学」を理解するために、「武士道とは死ぬことと見つけたり」に続く文章を三島の解説とともにもう少し読んでみましょう。

毎朝毎夕、改めては死々《しにしに》、常住死身《じょうじゅうしにみ》に成て居る時は、武道に自由を得、一生落度《おちど》なく家職を仕課《しおお》すべき也。

（『葉隠』聞書第一）

毎朝毎夕、「改めては死に、改めては死に」と、日々「自分は死ぬんだ」と死に身の覚悟で生きる。そうすれば自由を得て、仕事もミスせずにちゃんとできるのだと語っています。

三島はこの一節を取り上げ、「常住死身になることによって自由を得るというのは、『葉隠』の発見した哲学であった」と記しています。

死に身の覚悟で生きることが、なぜ自由につながるのかと疑問に思うかもしれません。その前提としてまず、三島は常朝が言う「死」は自然に襲ってくる病死を指すのではなく、自発的な死だと指摘しています。自発的な死とは、要するに自殺（切腹）のことです。

続けて三島は、「切腹という積極的な自殺は、西洋の自殺のように敗北ではなく、名誉を守るための自由意志の極限的なあらわれ」だと言います。つまり、死すら選択可能な行為だと考えることで、どんな束縛をも突破でき、自由になれるというのが武士道だったということです。

これは一つの実存主義的な生き方だと私は思います。なぜなら、実存主義によく登場する「被投的投企《ひとうてきとうき》」という概念を想起させるからです。

「被投的」とは、この世に私たちは投げ出されている存在であるという意味です。私たちは、どの時代のどの家に生まれるかを選ぶことはできません。そういう意味では、投げ出されている存在です。

一方、「投企」とは、投げ企《くわだ》てることもできるということ。言い換えれば、自分の意志でもってどの職業に就くか、結婚をするかしないか、政治運動に参加するかしないかといったことを決められるように、主体的に行動を選択することができるという意味です。

まとめると「被投的投企」とは、自分の意志とは関係なくこの世に投げ出された存在だけれど、その後は自分で自分の未来を決めてつかみとっていくことができるということです。

死の選択があるというのは、まさに実存主義的な生き方の究極の姿です。それが武士道には確固として存在していたということです。

死と隣り合うなかで生まれた武士の美学

ただ、常朝の生きた時代は先にも少しふれたように平和な時代でした。『葉隠』を読み解くうえで、この書が記されたのが天下泰平の世の中だったということは一つの大きなポイントです。

一般に武士というと、我先にと戦場へ駆けつけ、勇敢に戦うイメージがあるかもしれません。しかし、そのような武士が実際にいたのは戦国時代までです。

もともと武士が誕生したのは、平氏、源氏が登場した平安時代末期です。武士の誕生とともに一つの死の美学も生まれました。それは、戦わずして逃げて生き長らえるより、勇ましく戦って名誉ある死を遂げることをよしとする考えです。

武士にとって命よりも大切なもの、それは名誉でした。合戦では一番乗りをした者が口上を述べますが、それも名を上げるためです。何よりも名を重んじ、そのためなら戦って死ぬことも辞さないのが武士の生き方とされました。

源氏と平家の戦いを描いた『平家物語』には、そうした武士本来の姿が描かれています。屋島の合戦での「扇の的」の有名な話など、まさに命懸けの行為です。

簡単に「扇の的」の話を追うと、話は合戦の始まる直前、平家の女たちが揺れる船の上に扇の的を立て、これを射てみよと挑発してきたことから始まります。源義経に的を射るよう命じられた那須与一は、一度は断ります。遠く離れたところで、しかも風が吹いている海の上、女たちが掲げている的を射るなど、常識的に考えたら不可能なことだからです。しかも失敗すれば、不名誉なこととして自害しなければいけないのは武士として自明のことでした。しかし、義経から再度命じられ、与一は祈りながら弓を引き絞ります。

次の瞬間、扇が空を舞って海に落ちていきました。与一は、奇跡的に的を射ることができたのです。その光景を見た平家方も、みな船を叩いて褒め称えました。ファインプレーに対して、敵方も惜しみなく賞賛するのは、これまた武士道に通じるふるまいと言えるでしょう。

しかし、与一にしてみれば何とも理不尽な、いわばミッション・インポッシブルです。途方もなくむずかしいことを命じられ、できなかったら死ななければいけない。ものすごく割に合わない上司のミッションです。しかし、武士の世界では上司の言うことは絶対でした。そんな大変なルールの下、かつての武士は生きてきたのです。

常朝はまた、戦国時代の武士は朝起きたら行水し、髪を整えて香油をつけ、爪を切って磨き、身だしなみをきちんとしていたと語っています。それはいつ討ち死にに遭っても恥ずかしくないようにするためでした。そうした常に死と隣り合わせのなかで、武士の美学は培われてきました。

しかし江戸時代も半ばとなると、武士の暮らしはずっと穏やかになっています。武士が、戦場で戦う武士でなくなってからずいぶんと月日が経っていたのでした。

太平の世が草食化を招く

『葉隠』では、常朝の目を通して当時の若い武士たちがどのような姿であったかが描かれています。

又三十年以來、風儀打替《うちかわ》り、若侍《わかざむらい》共《ども》の出會の話、金銀の噂、損得の考、内證事の話、衣装の吟味、色慾の雑談計《ばか》りにて、此の事なければ、一座しまぬ様に相聞え候。是非なき風俗に成行き候。

（『葉隠』聞書第一）

三十年くらい前から、世の中の風紀が変わってきて、若い武士たちが集まって話すことといえば、お金の噂話、損得の勘定、どう生計を立てるかという話や、衣裳の品定め、色欲に関する雑談ばかり。こうした話でないと座がもたないとは「是非なき風俗に成行き候（しょうがない世の中になったものだ）」と、常朝は嘆いています。

また、「口先の上手にて物を濟まし、少しも骨々とある事は、よけて通り候（口先だけで上手に物事を済ませ、少しでも骨のある仕事は避けて通る）」と評し、昨今は男らしい男がいなくなったとも述べています。

さらに、そんなふうに変わってしまった理由として、世の中が派手になって暮らし向きのことばかりを気にするようになったからだと指摘しています。

なんとなく、どこかで聞いた話のような気がします。最近、日本では男性が草食化していると言われていますが、それはいまに始まったことではありません。

社会学者のノルベルト・エリアスがすでに一九三九年に『文明化の過程』という本で書いていますが、文明化が進むプロセスにおいて、人がマナーやエチケットを身につけて優しくなっていくというのは歴史の必然とされています。平和な世の中が続いて文明が発達すると、騎士はナイフを持って戦う必要がなくなります。そうなると、ナイフは暴力を想起させるものとして次第に規制されていき、代わりに人々は力の強さより礼儀正しさを競い合うようになると述べています。

二百年以上も争いのなかった江戸時代、日本の武家社会でもまさに同じことが起きていました。実際には合戦もなければ、切腹する機会なども滅多にありません。当の常朝自身、主君であった藩主の鍋島光茂がこの世を去ったときに後を追うことを考えましたが、当時は幕府からも藩からも追い腹（主君の後を追って切腹すること）が固く禁じられていました。

死にたいと思っても簡単には死ねない。そんな世の中だからこそ、今日死ぬ、明日死ぬという気持ちを持って生きなさい、と常朝は諭したのです。

日々の鍛錬が意識を定着させる

たしかに常朝の言うように、死に身の覚悟で日々を生きることができたら、ミスせずに職務をまっとうできるはず。しかし「言うは易く行うは難し」です。

ちょっと想像してみてください。いま自分がやっている仕事で、もし失敗したら命を失うとしたらどうでしょう。その緊張感たるや、相当なものではないでしょうか。しかもそれが一過性ではなく、毎日続くと考えると、もはや超人的な集中力が必要なのではないかと思えてきます。

そこで私が思い出すのは、宮本武蔵にまつわる一つの逸話です。

宮本武蔵が熊本藩の招きで当地を訪れた際、藩主の細川忠利公から「このなかで腕の立つ者はいるか」と聞かれます。そこで武蔵が「一人だけいます」と答えたのが、それまでとくに武術に優れているという評判を聞いたことがない都甲太兵衛という人物でした。指名されて現れた彼も「私なんか剣の腕もたいしたことありません。とんでもございません」と答えます。でも武蔵は「いや、それでも何かあるはずだ」と食い下がりました。

そこで恐縮しながら彼は「一つだけ心がけていることがあります」と話し始めました。その心がけとは「自分は臆病者で死を覚悟できないので、毎晩天井から吊るした真剣の下で寝ています」というもの。武蔵はそれを聞いて「これぞ武士でございます」と言ったという話です。

もし何かあって真剣が落ちてきたら死んでしまうわけですから、想像するだけで怖くなります。たとえ落ちなかったとしても、怖くておちおち眠れないでしょう。でもそうやって死を突きつけられる環境に自分の身を置くからこそ、死を腹の底から覚悟できるようになるのです。

宮本武蔵作「枯木鳴鵙図」

この話のおもしろいところは、毎日練習して意識として「死の覚悟」を定着させようとしているということです。

ある日に死ぬ気でやりました、でも次の日には忘れていました、というのではありません。毎晩死と隣り合わせの状況に身を置くことで「毎日が死ぬ身なんだということを意識しなさい」ということです。そうして一日、一日を過ごしていくうちにだんだんと意識として身につき、技にまで高められるということです。

朝に晩に覚悟を新たにするからこそ、生きる意識がはっきりとして、ミスが少なくなる。つまり、毎日をきちんと過ごすことこそが死に身ができていると言える状態であり、「武士道とは死ぬことと見つけたり」なのです。

いつ死んでもいいと思いながら生きる

こうした武士道の精神は、もはや存在していないと思われるかもしれませんが、私はいまの日本でもしっかり生きていると感じます。その精神をもっともよく受け継いでいると私が常々思っているのは、鉄道員の方々です。

鉄道でお仕事されている方は、日々多くの命を扱っています。毎日当たり前のように運行していますが、二〇〇五年に起きたＪＲ福知山線脱線事故のように、一瞬のミスで大量の死を招いてしまう危険性をはらんでいます。だから、現場では小さなミスも許されません。そのために指差し確認や声出し確認を何度もしているのです。

　しかも到着時刻が3分遅れただけでも、「遅れて申し訳ありません」と謝り続けなければいけません。たとえ遅れた理由が駅員さんのせいではなく、車内に具合の悪い人がいたというケースでも謝らなければいけないことには変わりはないでしょう。

　先日驚いたのは、電車の運転手さんが何分か遅刻したことが全国ニュースで流れていたことです。素人考えかもしれませんが、人は遅刻しうる存在と考えれば、誰か代役を準備しておけば済んだことではないかと思います。なのに、全国に向かって報道されてしまうとは大変な責任を負っています。これはもう、毎朝定刻に起きることが死に身と言っていいのではないかと思います。

　ミスが許されない職場で、朝早い日もあれば、夜遅い日もあって、遅刻も許されない。おまけに酔っぱらいの吐瀉物《としゃぶつ》を片付けたり、いろんな人から絡まれて応対したりするのも仕事のうちです。最近は人身事故が多いですが、その凄惨な事故現場を元通りにするのも鉄道員の方がやっています。しかも彼らが、責任に見合うだけの多額の給料をもらっているかといえば、そうとは言えないでしょう。相応のギャランティをもらっているわけでもないのに、責任だけはずっしりと重いわけです。

しかも鉄道員の方々はその一例であって、日本の多くの人が同じように世間に高く評価されることもなく、無名のままに責任感を持ち、きっちりとした人生を送っているのではないかと思います。

会社員の方々にしても、遅刻をしない、取引先のところにはかならず行くというのはもちろん、ちょっとやそっとの風邪ぐらいでは会社は休まないという人もたくさんいます。毎朝満員電車に乗って遅刻しないよう会社に行き、残業もし、時々酒の席も付き合い、そしてまた朝早く起きるというのを繰り返して四〇余年。そうして家族を養ってきたとなると、これは一日一日を立派に生きてきたと言えるでしょう。

また、お子さんを育てあげたお母さんにしても同じです。気を抜くと死んでしまう赤ちゃんを相手に、一日も休まず世話をしてきたわけです。ましてや子育てもしながら働いてきたとなると、これはもう大変なことを成し遂げたと褒め称えていいと思います。

このように考えると、常朝の言う死の心構えは何も極端なことではなく、現代の私たちにも十分通じるものだと思えてくるのではないでしょうか。

いつ死んでもいいという意識を持って日々、ちゃんと暮らす。しっかり仕事しよう、しっかり子育てしよう、しっかり生きようとする日常の意識のことを常朝は説いていたのです。

一瞬一瞬を大切に生きよ

死を日々意識するというと、西洋の「メメント・モリ」という言葉を思い浮かべる人もいるかもしれません。これは「死を想え」というラテン語の警句で、いつかは自分が必ず死ぬことを忘れるなという意味です。つまり、自分はいつ死ぬんだろうと考えることによって、その来たるべき死に対してちゃんと生きようという意識が生まれるということです。

常朝の死生観は、一見すると「メメント・モリ」と非常に近いように思われます。しかし、ここは非常に重要なところだと思うのですが、常朝の思想の背景には禅の教えがあり、西洋的な死生観とは一線を画すものです。

常朝は二十歳を過ぎた頃に湛然《たんねん》和尚という禅僧から仏道を学んでいます。また、藩主の鍋島光茂《みつしげ》の死をきっかけに四十二歳で出家し、金立山《きんりゅうざん》の麓の黒土原《くろどばる》（現在の佐賀県金立町）に草庵を結び、隠棲しました。田代陣基が常朝のもとを訪ねたのは、それから十年後のことです。ですから当然のことながら、その思想には禅の教えがベースにあります。

なかでも禅の死生観の影響が色濃く表れている一節があります。少し長いですが、引用してみましょう。現代語訳を参考に、原文を味わってみてください。

端的只今《たんてきただいま》の一念より外はこれなく候。一念一念と重ねて一生也。ここに覺え附き候へば、外に忙しき事もなく、求むることもなし。ここの一念を守って暮すまでなり。皆人、ここを取失ひ、別に有る様にばかり存じて探促いたし、こゝを見附け候人なきもの也。守り詰めて抜けぬ様になることは、功を積まねばなるまじく候。されども、一度たづり附き候へば、常住《じょうじゅう》になくても、最早《もはや》別の物にてはなし。この一念に極《きわま》り候事を、よくよく合點候へば、事少なくなる事あり。この一念に忠節備り候也と。

（『葉隠』聞書第二）

まさに現在の一瞬に徹する以外にはない。一瞬、一瞬と積み重ねて一生となるのだ。ここに考えがおよべば、ほかにあれこれとうろたえることもなければ、探し回ることもない。この一瞬を大切にして暮らすまでのことだ。一般の人は、ここのところを間違って、別に人生があるように思い、それを尋ね回って、この点に気づく者がない。この一瞬をいつも大切にして怠ることがないようになるには、年功を積まなければならないものである。しかしながら、一度その境地にたどりつけば、いつもそのように思いつめていなくとも、その境地をはなれることはない。

この一瞬にすべてがあるということを十分に心得たならば、物事は簡単に運ぶものだ。この一瞬に忠節の心が備わっているものである。

（奈良本辰也『葉隠』知的生きかた文庫）

「一念」は「一瞬」という意味です。「一瞬一瞬を大切にしなさい」と説いていますが、これはまさに禅の死生観に通じるものです。

禅の根底には、「現在の一瞬を生き切る」という死生観があります。過去にとらわれるのでもなく、未来を思いわずらうのでもなく、いまこの瞬間を充実して生きる。ですから、「自分がいつ死ぬんだろう」なんて意識はもちろんありません。「死を常に意識しなさい」という「メメント・モリ」とは、異なる考えです。

死というものをことさらに挙げなくても、この一瞬をかけがえのないものだという意識を持って生きる。その覚悟があれば、人生に迷い悩むこともなくなるのだという常朝の言葉には力強さと説得力があります。

過去や未来に侵食されない生き方

「いま生きているこの瞬間を大切にしなさい」という教えは『葉隠』のみならず、言葉を変え、表現を変えて古今東西で語られてきました。なかでも哲学者ニーチェが著書『ツァラトゥストラ』のなかで述べた一節は、「一瞬を生きる」ことの意味を的確にとらえた言葉として広く読み継がれています。

「この瞬間を見よ」とわたしはことばをつづけた。「この瞬間という門から、一つの長い永劫《えいごう》の道がうしろに向かって走っている。すなわち、われわれのうしろには一つの永劫があるのだ。」

（手塚富雄訳『ツァラトゥストラ』中公文庫）

ここで語られているのは「一瞬と永遠の関係」です。

瞬間を「門」と表現し、その門の前と後ろにはそれぞれ過去と未来の道が永遠に続いています。そして、過去と未来が交わる地点が「門」のある現在です。つまり、現在のこの瞬間こそがすべての過去、そして未来をつなぐ「必然」であるということです。言い換えれば、過去の積み重ねによっていまの現実があり、未来の物事というのもこの目の前の現実に起因して起こるのであり、その連鎖が永遠に続いていくということを述べています。

ですから、もし喜びを感じる瞬間が訪れたとすれば、それは過去の肯定をも意味します。なぜなら、現在をつくっているのは過去のいろいろな出来事の蓄積であり、様々な苦難がこの現在の一点に流れ込んでいるからです。

したがって、いまこの瞬間を肯定できるならば、人生を全肯定できるようになるということです。

偶然の積み重ねのなかで、いまこういう人と出会えて、こういう仕事ができて、こういう家族とともにいる。いまこの瞬間が充実し、祝祭的な時間があることに幸せを感じる。そんな一瞬に永遠を見い出すような感性を持つことで、人は過去の後悔や未来の不安とも決別することができます。つまり、過去や未来に侵食されない生き方ができるようになるのです。

一回の呼吸は軽い死の体験である

時々、この人は「一瞬一瞬を生きているなあ」と思う人に出会うことがあります。そういう人というのは悩みがあまりないように見えます。

あなたのまわりにも一人か二人、いないでしょうか。先のことを心配することもなく、過去のことを気に病むこともなく、飄々と生きている人です。こうした人たちは、禅の境地で生きているという感じがします。

しかし、もとからそうではない人がそのような境地に至ろうと思ったら大変です。常朝も一瞬一瞬を大切にできるようになるには年功を積む必要があると語っています。座禅はその鍛練のための修行と言っていいでしょう。『葉隠』にも座禅を想起させる「七つ呼吸をするうちに覚悟を決めろ」というくだりがあります。

古人の詞《ことば》に七息思案《しちそくしあん》と云ふことあり。隆信公は、「分別も久しくすればねまる。」と仰せられ候。直茂公は、「萬事《ばんじ》仕だるきこと十に七つ悪し。武士は物毎手取早《ものごとてっとりばや》にするものぞ。」と仰せられ候由《よし》。心氣うろうろとしたるときは、分別も埒《らち》明かず。なづみなく、さわやかに、凜としたる氣にては、七息に分別すむもの也。胸すわりて、突つ切れたる氣の位也。

（『葉隠』聞書第一）

何事も決断するのに時間がかかるのはよくないということを龍造寺隆信、鍋島直茂の言葉を借りて説いてから、「こだわりなく、さわやかで、凜とした気持ちのときは、七つ呼吸をする間に判断がつく」と述べています。言い換えれば、「腹が据わって、吹っ切れた気持ち」のときだと語っています。

腹を据えて、呼吸を整えるとは、まさに座禅のことでしょう。このときの「腹」はおへその下にある「臍下丹田《せいかたんでん》」を指しています。

気持ちが浮ついてパニックになっている状態、すなわち常朝が言う「うろうろとしたる（うろたえている、ふらふらしている)」ときは、肩や胸だけで息をして呼吸が浅くなっています。そこで、深く息を吸って吐きながら、臍下丹田に自分の中心があるんだと意識すると、気持ちが落ち着いてぶれない自分になれます。

私は長年、呼吸について研究してきていますが、それというのも呼吸は心身を健康に保つうえで非常に重要だからです。村木弘昌さんの『釈尊の呼吸法』などを読むと、お釈迦様が「アナパーナサチ」という息をゆっくり、長く緩く吐く呼吸法をやって悟りを得たと書いてあります。つまり、悟りというのはそもそも呼吸法とセットだということです。

臍下丹田に意識を集中し、ひと呼吸ごとに自分の邪念を吐いていくイメージで自分を「無」にしていく。そうして吐く息を意識すると、頭の中がすっきりして澄み切った状態になります。

「死」を「無」ととらえると、一回一回の呼吸において「軽い死」を体験すると考えられます。まさに一瞬、一瞬を生きるということです。

以前、私が『息の人間学』という専門書を書いたときに、ふーっと息を吐いて吐いて止まった地点を「出て止まる」と書いて「出止の瞬間」と名づけました。ふつうは呼吸を吐いて止まる瞬間のことなど、意識していない方がほとんどだと思います。ですから、この瞬間をとくに表現する言葉はありません。

しかし、息を吐いて止まった瞬間こそ、「無」が訪れるときであり、悟りのときであると言えます。つまり、吐く息を意識して呼吸を見つめることは、いまこの瞬間を見つめることであり、死を見つめる鍛練でもあるのです。

「無」になる感覚を知る

坐して呼吸を整え、自分自身を見つめる。そうしてひたすら座禅をすることで無心の境地になり、意識が覚醒します。弓道にしろ、茶の湯にしろ、尺八の演奏にしろ、あらゆる日本の武道や芸事は禅に通じています。日本人は、伝統的にこのような呼吸法を大切にしてきました。

戦前の人たちに臍下丹田がどこにあるかと訊くと、だいたいの人が答えられます。また、悟りまでは理解できなくても、禅がどういうものであるかぐらいは共通認識としてありました。鎌倉時代から室町、戦国、江戸と禅の伝統は脈々と続いてきたなかで、坐して心を落ち着け、自分自身を取り戻すということを身体感覚として身につけていたのです。

しかしながら、いまの人たちは臍下丹田がどこにあるかすら、わからないという人がほとんどでしょう。禅や悟りの感覚ともなるとなおさらです。

こうした昔から培《つちか》われてきた身体感覚を失ってしまったことが、現代人の心の不安定さの

原因の一つになっているように思います。たとえば本書の一つのテーマでもある死に対する恐怖心もまたその表れと言えます。

人がなぜ死を恐れるのかといえば、自分の意識がなくなることに対して恐怖を覚えるからです。

しかし、日頃から「私が」「私が」と思うのではなく、自分の我を落とし、「無」の感触を得られるようになっていたとしたらどうでしょうか。

曹洞宗の開祖である道元は、この無我の状態を「身も心も落としていく」ということで「身《しん》心脱落《じんだつらく》」と呼びました。そうして「無」になる感覚を練習しておけば、死が突然身近に迫ってきたとしても、それもまた一つの「無」の到来であると受けとめられるに違いありません。

もちろん、無我の境地に至ることはそう簡単ではないでしょう。ですが、坐して呼吸を整え、自分自身を冷静に見つめることができれば、少なくとも死に対してむやみに怖がる気持ちを鎮めることはできると思います。

この世はしょせんからくり人形の世界

「武士道とは死ぬことと見つけたり」に始まって、ずいぶんといろいろな話をしてきましたが、最後に『葉隠』から非常に印象深い一節を引用して締め括りたいと思います。

道すがら、何とよくからくつた人形ではなきや。綵《いと》を附けてもなきに、歩いたり、飛んだり、はねたり、もの迄《まで》も言ふは上手の細工《さいく》也。來年の盆には客にぞなるべき。さても、あだな世界かな。忘れてばかり居るぞと。

（『葉隠』聞書第二）

道すがら、常朝が「私たちはなんとよくできたからくり人形ではないか」と語ったという場面です。「糸もつけていないのに歩いたり、飛んだり、跳ねたりして、ものまで言うとは手の込んだ細工だ。来年のお盆には死んでお客になるかもしれぬ」と言い、「さてもむなしい世の中だ。人はそんなことをすっかり忘れているが」と続きます。

「死ぬ気で生きろ」と言っている人物が一方で、「この世はしょせん一種のからくり人形の世界だ」と言う。このバランスの取り方がとてもおもしろいと思います。

それで思い出すのは、シェイクスピアが残した「人は役者、世界は舞台」という言葉です。人生は舞台で役を演じているようなもので、みんな最後には舞台を去っていく。

この言葉と常朝のからくり人形の比喩は通じるところがあります。西洋と東洋の似た時代に、立場がまったく異なる二人が似たようなことを言っているというのは偶然かもしれませんが、興味深いものです。

最期は役を演じ終えて舞台の袖に引いていくと考えていれば、それはそれで気が楽になります。世の中という舞台で自分だけが舞台の真ん中で話し続けるのもおかしな話です。

最期の瞬間に慌てふためき、後悔しないために、日々を真剣に生き切ると同時に、そんな達観した視点を持っておきたいものだと私自身そう思っています。

第3章

老いと上手に付き合う

貝原益軒の『養生訓』～長寿社会における真の養生とは何か

「養生」とはほどほどにやりくりしながら命を養うこと

二〇一四年、日本人男性の平均寿命が初めて八十歳を超えたと話題になりました。六十五歳以上の人が三三〇〇万人に達し、全人口の四分の一以上を占めています。うち百歳を超える人が六万人と、日本人はどんどん長生きになっています。

昔にくらべてあきらかに長くなった人生をどう生きるか。それは現代の日本社会に生きる私たちにとって切実な問題となっています。そこであらためて見直したいのが、昔ながらの「養生」という考え方です。

「養生」とは一般に、日頃から病気に気をつけ、健康であるように努めることを指します。ただ、この言葉は「生を養う」と書くように、単純に健康のことだけを言っているのではなく、「生きている時間を上手に過ごす」という意味も含まれていると私は考えています。

「死」というものを重く考えすぎずに、今をうまくやり過ごしながら生きる。その果てにどんな終わりが来るかはわからないけれど、さほど最期について重く考えない。調子の悪いときがあってもなんとか持たせて、スーッと消えるようにこの世を去って行く。

人生を「生」と「死」という二項対立で捉えるのではなく、無理をせずほどほどにやりくりしながら命を養い続け、軟着陸するイメージです。そういうニュアンスが「養生」という言葉自体にはあり、長寿社会に生きる私たちにとっては救いになる考え方ではないかと思うのです。

私がそんなふうに考えるようになったのは、帯津《おびつ》三敬《さんけい》病院を訪ねたことがきっかけです。この病院を開設したのは、医学博士の帯津良一さんです。帯津先生は身体の自然治癒力を高める養生法の重要性を長年にわたって説いてきました。

先生に出会った当時の私はまだ若く、呼吸の研究にのめり込んでいました。気功法やヨガなどについて興味があり、自分から教室に通ったり、トレーニングしたりしていました。そのなかで帯津先生とご一緒する機会があり、先生が病院の治療に気功法などを積極的にとり入れていることを知って非常に共感を覚えました。

訪れた院内は明るさと落ち着きに満ちていました。病院には末期ガン患者さんなどもいましたが、そのうちのお一人が「自分はガンの末期だけれど、ここで気功法などをやって、大変明るい気持ちで過ごすことができています」とにこやかに話してくれました。その方はご自身の言葉通り、ぱっと見ただけでは末期ガンを患《わずら》っているとは思えないほど溌剌としていました。

もし自分が似た立場になったときに、あの方と同じく平静な気持ちでいられるだろうか。お会いした患者さんたちの姿に、深い感銘を受けながら、私はそう自問自答しました。そして、彼らの笑顔を支えている「養生」の大切さを痛感しました。

人生の終わりが見えていながらも、そのことに絶望して嘆くのではなく、ごく素直にいま生きていることを喜びつつ、気功法などできることをやって最後まで自分の人生をまっとうしようとする。大切なのは病気が治るか治らないかではなく、いまある命をすこやかに燃やし続けていくことだと、患者さんたちの姿は教えてくれていました。

そこで本章では、長い人生をどう生きるかを教えてくれる「養生」の指南書、貝原益軒《かいばらえきけん》の『養生訓』を手に取ってみましょう。

「何をどう食べるか」が「養生」の基本

貝原益軒は江戸時代の福岡藩の儒学者、本草学者です。『養生訓』を著したのは一七一二(正徳二)年、亡くなる一年前の八十三歳のときでした。

八巻に及ぶこの書は、いかに身体を養い、自らの命を生き切るかという養生の「術」を説いたものです。食事や運動のことから薬の飲み方、老後の過ごし方まで非常に広い範囲にわたって、具体的なテクニックが記されています。

なかでも有名なのは、繰り返し登場する「食事は腹八分目にしなさい」という教えでしょう。

飲食《のみくう》ものにむかへば、むさぼりの心すすみて、多きにすぐることをおぼえざるは、つねの人のならひ也。酒・食・茶・湯、ともによきほどと思ふよりも、ひかえて七八分にて猶《なお》も不足と思ふ時、早くやむべし。

（『養生訓』巻第三の十六）

食べものやお酒などを前にすると、食べたいという気持ちが強くなって、ついつい食べすぎてしまうと指摘しています。でも、十分だと思うまで食べてしまうと、あとから満腹になりすぎて病気になる。だから、七、八分目のちょっと足りないなと思うぐらいで食べるのをやめなさいと戒《いまし》めています。

このほかにも食に関する記述は多くあります。たとえば「五味をそなへて、少づゝ食へば病生ぜず」（巻三の九）という一文があります。五味とは「甘いもの」「塩っぱいもの」「辛いもの」「苦いもの」「酸っぱいもの」のこと。つまり、どれかの味に偏《かたよ》らずにバランスよく食べるようにということです。

あるいは、「凡《すべて》の食、淡薄なる物を好むべし。肥濃・油膩の物多く食ふべからず」（巻三の六）と、味が濃くて脂っこいものは避け、淡泊な薄味のものを食べなさいという教えもあります。昨今、高血圧予防のために「塩分控えめ」が盛んに推奨されていますが、この頃からすでに意識されていたことがわかります。

「諸の食物、皆あたらしき生気ある物をくらふべし」（巻三の三十一）というのもおもしろい指摘です。新鮮なもの、旬のものを食べると、自分の命も元気でいられるということです。

また、食べものそのものについてだけでなく、食べ方についても言及しています。

たとえば、消化をよくするために「食後には、必《かならず》数百歩、歩行すべし」（巻一の五）と、食後の散歩を勧めています。

ほかにも「怒《いかり》の後、早く食すべからず。食後、怒るべからず」（巻四の二十八）と、食事の前後には怒らないようにしなさいと語っています。おいしく楽しく食べてこそ、心も身体も満たされる食事になるということです。この教えに異論はないと思いますが、不安や心配を抱えているとついつい忘れがちなことです。

こうした実用的なアドバイスが多く含まれるところが、『養生訓』の読みどころの一つです。しかし、それだけが本書が長く読み継がれてきた理由ではありません。本書の魅力は、単なる健康のハウツー本にとどまらないところにあります。

気が滞ると病気の原因になる

『養生訓』で注目したいのは、食事や運動などで身体を整えることと同じように、心の整え方も説いているところです。たとえば、次のような一節があります。

養生の術は先《まず》心気を養ふべし。心を和《やわらか》にし、気を平《たい》らかにし、いかりと慾とをおさへ、うれひ、思ひ、を少なくし、心をくるしめず、気をそこなはず。是《これ》心気を養ふ要道なり。

（『養生訓』巻第一の九）

心気とは、心の中をめぐる気のこと。心気を養うことが養生術の第一歩になるということです。そのためには、「心をやわらかに静かにする」「憂いや心配を少なくする」「心を苦しめない」「気を損なわない」ことが大切だと説いています。

通常ならば、こうした心の整え方は精神論として、身体のこととは別に語られます。しかし、貝原益軒は「これを食べなさい」「散歩をしなさい」といった身体のことと精神のことをセットで語ります。それは、心の健康と身体の健康が深く結びついていると考えていたからです。

心と身体を分けて考える心身二元論は、もともと西洋哲学の考え方です。日本には明治維新以降に入ってきて浸透しました。しかし、それまでの日本では、心と身体は一体のものとして考えられていました。

そして、心と身体をつなぐものとされているのが、「気」です。「気」は天地に存在しているエネルギーのようなもので、万物のなかをめぐっていると昔の人々は考えていました。日本語には「天気」や「空気」といった「気」のつく言葉が多くあります。これは、気が流れるところであることを表しています。空や空間に気が流れているように、人間もまた気の流れる場所とされていました。

たとえば、心と身体の両方に活力がみなぎっている状態を指す「元気」という言葉があります。このように、かつては心と身体は気を中心として不可分のものとして捉えられていました。そして、心身ともに気がめぐり、いきわたっている状態が健康であると考えていたのです。

気をめぐらせるためには、きちんと食べて排泄したり、運動したりすることと同じぐらい、否定的な感情を溜めないことが重要視されていました。

気は、一身体の内にあまねく行わたるべし。むねの中一所にあつむべからず。いかり、かなしみ、うれひ、思ひ、あれば、胸中一所に気とゞこほりてあつまる。

（『養生訓』巻第一の三十九）

気を身体中にあまねくひろくいきわたらせなければいけない。もし怒りや悲しみ、憂い、心配があると、胸の一カ所に気が滞《とどこお》ってしまう。気が滞ることは、病の原因になります。ですから、気をめぐらせるために、怒りや悲しみを溜め込まないようにと説いています。現代では、ストレスが身体に悪いということは常識になっています。しかし長らく、心の問題は置き去りにされてきました。それがようやく最近になって、心と身体の関係が少しずつ明らかになってきました。しかし、現代医学の見地を待つまでもなく、昔の人々は心と身体が相互に影響し合うものであることをちゃんと知っていたのです。

深い呼吸で心身を整える

養生の基本は、気を養い、滞らせずに身体中にめぐらせることです。そのための術が『養生訓』には細かく書かれています。そのもっとも基本とされるのが呼吸法です。

臍下三寸を丹田と云《いう》。（中略）養気の術つねに腰を正しくすゑ、真気を丹田におさめあつめ、呼吸をしづめてあらくせず、事にあたつては、胸中より微気をしばしば口に吐き出して、胸中に気をあつめずして、丹田に気をあつむべし。

（『養生訓』巻第二の四十八）

臍《へそ》の下三寸を丹田と言う。気を養う術は、常に腰を正しく据えて気を丹田におさめ、呼吸をしずめていく。ゆっくりと口から息を吐き出し、また丹田に気を集める——。

第2章に続き、二度目の「臍下丹田《せいかたんでん》」の登場です。

丹田とは、もともと道教にちなむ言葉で、「丹薬」という不老不死の薬を育てる田畑を意味しています。道教の理想は、臍下丹田で気を練り、体内で丹薬をつくって不老不死の仙人になることです。その教えをさらにさかのぼるとインドのヨガに行き当たりますが、それが中国を介して道教として日本に伝わり、気を養う術として根づいたのです。

お臍から指三本分ほど下にある臍下丹田を意識して、お腹の力をしっかり使って息を吐き出す。このとき、臍下丹田を中心とする身体の軸が、地球の中心とつながっているようなイメージを持つといいでしょう。

すると、腰が定まり、身体の力みが抜け、心も落ち着いてくるはずです。つまり、臍下丹田を使った呼吸は、身体を安定させると同時に、精神も安定させてくれるのです。

また『養生訓』には、呼吸について次のような記述もあります。

呼吸は人の生気也。（中略）是《これ》ふるくけがれたる気をはき出して、新しき清き気を吸入《すいい》る也。新《あたらしき》とふるきと、かゆる也。

（『養生訓』巻第二の六十一）

呼吸は生命の源であり、そのポイントは吐く息にあります。ゆっくりと息を吐き出せば、自然にまた新鮮な空気が入ってきます。つまり、呼吸とは「古く汚れた気を吐き出して、新しい清らかな気を吸い込むことであり、新しい気と古い気を交換する」行為です。いわば、もっとも手っ取り早いデトックス方法と言えるでしょう。

デトックスとは、身体に溜まった悪いものを出すこと。解毒や毒出しなどとも言われます。もちろん、デトックスという言葉は貝原益軒が生きた時代にはありません。しかし、吐く息とともに悪い気を吐き出すという、まさにデトックスと同じ発想が当時から存在していたのです。

否定的な感情や心配事も呼吸で吐き出す技術

臍下丹田を意識した呼吸法は、怒りや恨みなどネガティブな感情のデトックスにも効果を発揮します。

ネガティブな感情が湧いてきたときの身体反応をちょっと思い返してみてください。怒りが込みあげてきたとき、頭にカーッと血が上るのを感じたことがあるのではないでしょうか。あるいは、心配事があるときに、みぞおちのあたりがぐっと押さえつけられたようになって、息が苦しくなった経験があるのではないでしょうか。

そんなときは、たいてい肩が上がって、身体がこわばっています。そこで、怒りや不安を臍下丹田まで下ろしていくイメージで、ゆっくり「はーーっ」と息を吐いてみましょう。すると、身体がゆるんで呼吸が深くなります。

温泉に入ると、ふーっと息がもれて身体が一気にゆるみます。温泉に浸かりながら、人への恨みや憎しみを考えるというのは非常に難しいものです。それと同じで、ゆっくり息を吐くと、ネガティブな感情がやわらいできます。

そこで参考になるのは、野口晴哉《はるちか》さんの「邪気を吐く」ことで気のめぐりをよくする方法です。「野口整体」を創始した野口さんは、気を重視して、身体の偏りを正す「活元運動」を提唱しました。いわば気の達人とも言うべき人で、『整体入門』や『風邪の効用』などの名著があります。

以前、私は野口整体の教室に通ったことがあります。そこで習った「邪気を吐く」方法をお教えしましょう。まず、両手の先をみぞおちに当て、身体をこごめるように前に倒しながら、ぐーっと手を差し込んでいきます。それと同時に息を「はあーーーっ」と吐き出します。

みぞおちに手を当てて押すと痛いように思いますが、実際にやってみるとそれほど痛くありません。

これをやるとどうなるかというと、硬くなっていたみぞおちの辺りがやわらかくなります。そして、横隔膜が近いせいか、呼吸もゆっくり深くなります。これを何回か繰り返していると、「まあいいか」という気持ちになってくるから不思議です。ぜひ一度、試してみてください。

「出す」ことを意識すると物事はうまくいく

呼吸で吐く息を意識するように、日常的に「出す」ことを意識して行動すると物事がうまくまわるようになります。

たとえば勉強法でいえば、私はアウトプットする勉強法を推奨しています。人に話したり、文章で表現したりすると、記憶に定着し、身につきやすくなります。また、アウトプットしたものからまた別の新たな情報を得られることもあります。知識を入れるだけの勉強法は、じつはあまり効率がいいとは言えないのです。

日常生活でも、思っていることを小出しにすることは、ストレス予防になります。気になることがあっても、ちょっと人とおしゃべりをすると気が楽になりますよね。あれも自分の心のなかのモヤモヤを言葉にして人と分かち合うことで、すっきりする側面があるからです。それを言わずに溜め込んでいると、ストレスが溜まり、具合が悪くなってきます。

ですから、気軽に愚痴を言い合える場のあることは、心の健康にとってとても大事なことです。

以前、独身者で「愚痴を言い合わない夫婦が理想」という人がいました。しかし、家庭は、唯一外部にもれない秘密が共有できる場と言えます。だから、安心して愚痴やネガティブな感情も素直に出せます。それが家庭という閉じられた空間のよさでしょう。ですから、一人で溜め込んでしまわずに、ささいな悩みや心境の変化を家族間で吐き出す。そうして笑い合って終わりにするほうがずっと健全だと思います。

あるいは家庭では愚痴が言えても、会社ではなかなか言えないという人もいるかもしれません。しかし、会社で受けたストレスは、できるだけ会社のなかで解消するのが望ましいと思います。もし家庭や社外で愚痴を言ったとしても、あまり理解されずに聞き流されてしまうこともあるでしょう。

ただ、愚痴といっても、同僚の悪口などを指すのではありません。「あの仕事のここが少ししんどかった」というような、ちょっとしたことです。それが言い合える関係が築かれていると、社内でのストレスはだいぶ軽減されると思います。

近年、企業でのメンタルヘルス対策が注目されています。社内でストレスのデトックスが行われていれば、社員がうつ病などにかかってしまう可能性も低くなるに違いありません。これからの企業は、こうした予防的な対策をとっているか否かも問われるのではないかと思います。

気を損なう「内慾」と「外邪」

呼吸によって気を養うことと同時に、気を損なわないようにすることも養生術の大事なポイントです。益軒は気を損なうものに次の二つを挙げています。

養生の術は、先《ま》ずわが身をそこなふ物を去《さる》べし。身をそこなふ物は、内慾《ないよく》と外邪《がいじゃ》となり。
（『養生訓』巻第一の四）

「内慾」と「外邪」は『養生訓』にたびたび登場する単語です。養生法の第一歩は、「内慾＝内なる欲望」と「外邪＝外からやってくる邪気」を取り除くことだと説いています。

先に後者を説明すると、「外からやってくる邪気」とは「風」「寒さ」「暑さ」「湿り」です。つまり、身体に負担を強いる外部環境要因を指します。これらの邪気に対しては、自分がとくに何に弱いかを知って、日頃から対策を立てておくことが大切でしょう。

一方、前者の「内なる欲」とは「飲食の欲」「好色の欲」「眠りの欲」「言語をほしいままにする欲」に加えて、「七情の欲」を指します。

食欲、性欲、睡眠欲は現代も人の三大欲求とされています。聞き慣れないのは「言語をほしいままにする欲」です。これは、思ったことを何でも口にし、言葉で人をねじ伏せることを指しています。相手を傷つけようが、悲しませようが言いたい放題言うことを、昔の人は「欲」ととらえていたのです。それほどしゃべりすぎを嫌っていたということでしょう。

七情の欲とは、「喜び、怒り、憂い、思い、悲しみ、恐れ、驚き」の感情を指します。感情の欲するままに身を委ねてしまうと、気の流れが滞ってしまい、病を生じてしまいます。

とくに怒り、憂い、悲しみといった否定的な感情は、浸りすぎると身体を弱らせる原因になります。そこで先に述べた呼吸法が有効なことは言うまでもありません。

そうして内なる欲を慎んでいると、身体の内側にある気が充実します。すると、ちょっとやそっとの「外邪＝外からやってくる邪気」をはねのけやすくなります。

逆に食べすぎたり、色や睡眠を貪《むさぼ》ったり、心配事や怒りにとらわれていると、抵抗力が弱まり、外邪に負けやすくなります。結果、病を引き寄せることになりかねません。

つまり、外邪に打ち勝つ身体は、自分の努力次第でつくっていけるということです。

自分にフィットしたところ、中庸を知ること

「欲望をいかにコントロールするか」は、養生の大命題です。欲するままに欲望を満たすか、それとも欲望を抑えるかによって、短命と長命の分かれ道になると益軒は断じています。

前述の「腹八分目」のすすめにしても、脳が欲するからといって満足するまで食べすぎると、結局は体に悪影響を及ぼす結果になるからです。飲酒についても、益軒はたびたび飲みすぎを戒めています。

酒は天の美禄なり。少《すこし》のめば陽気を助け、血気をやはらげ、食気をめぐらし、愁《うれい》を去り、興《きょう》を発して、甚《はなはだ》人に益あり。多くのめば、またよく人を害すること、酒に過《すぎ》たる物なし。

（『養生訓』巻第四の四十四）

お酒は少し飲むと陽気になり、気がめぐりやすくなる。心配事を取り除き、楽しくなって、大いに人の利益になる。これは実感したことがある人も多いでしょう。しかし、すぐあとに「飲み過ぎると人を害する。酒ほど人を害するものはない」と釘《くぎ》を指しています。要するに、

自分の酒量を知って、「ほどほど」にしなさいということです。「ほどほど」は『養生訓』の一つのキーワードです。ずばりそのことについて解説した一節があります。

養生の道は、中《ちゅう》を守るべし。中を守るとは過不及《かふきゅう》なきを云《いう》。

（『養生訓』巻第二の四十二）

養生の道は、中庸を守ること。中庸を守るとは、過不足のないことです。中庸とは、度がすぎることもなく、かといって足りないわけでもない、ちょうどいいバランスのところを指します。

先の飲酒の話を例にとれば、「一滴も飲むな」と言っているのではありません。自分にとって一番心地よい酒量を心得ることが大切だということです。自分はお酒に弱いから全然飲まないほうがいいのか、それともお酒に強いから五合までは大丈夫とするか。あるいは五合は多すぎるけれど、全然飲まないのはさみしいから一日一～二杯、ほろ酔いになるくらいまでならという人もいるでしょう。

中庸とは、どこかに真ん中があるという考えではなく、それぞれ自分にフィットしたところがあるということです。つまり、自分に「ほどほど」のところはどこなのかを見極めることが重要です。

そうは言っても、若い頃は「ほどほど」をあまり気にする必要はありません。多少飲みすぎたとしても回復力がありますす。また、飲みすぎを経験することによって、自分なりの「ほどほど」を知っていくという側面もあるでしょう。

しかし、ある程度の年齢になってきたら、自分の欲との上手な付き合い方を身につけていくことが必要です。それは、よくある健康法のように「あれはダメ」「これもダメ」と何もかも禁じることではありません。欲を抑え込んだら、かえってストレスになります。だから「ほどほど」がよいのです。

自分にとっての「ほどほど」感を知り、それを守ること。それが、益軒の説く長生きの秘訣です。

ゆるくかまえておくことが上機嫌の秘訣

ある程度の年齢になったら、「ほどほど」を知る。それは欲望に対してだけでなく、働き方や人間関係などすべてに通じることです。

万《よろず》の事、皆わがちからをはかるべし。

（『養生訓』巻第二の三十一）

「何事も、自分の力量を知って行いなさい」。このあとには、自分の力の及ばないところで無理をすると、消耗して病気になるという一節が続きます。

この教えに、耳が痛いという人も少なからずいるのではないでしょうか。自分に対しては、本来の力量以上のことをできると甘く見積もってしまいがちです。また、人から頼まれたり、期待されたりすると、ついつい自分のできる以上のことを引き受けてしまうこともあるでしょう。もちろん、若いときは多少無理をして力量以上のことに取り組むことも必要です。それによって、学ぶことや自分の限界を押し広げることにもなるからです。しかし、年齢を重ねていくと、だんだんと無理が効かなくなってきます。

別の箇所では、「自分の身体はまだまだ若くて強いと過信してはいけない」という一節もあります。四十代、五十代になると、二十代、三十代でできていたことができなくなってきます。まだまだ自分は大丈夫だと思っていると、いつのまにか無理がたたって身体が悲鳴を上げることにもなりかねません。ひとたび身体を壊してしまうと、回復するのにも時間がかかります。人生の後半戦を生きるうえでは、自分がこのくらいは「できる」、これ以上は「できない」という「ほどほど」の線を知ることが必要です。
また、益軒は完璧さを求めることもよくないとしています。

凡《すべて》のこと、十分によからんことを求むれば、わが心のわづらひとなりて楽《たのしみ》なし。（中略）いさゝかよければ事たりぬ。十分によからんことを好むべからず。

（『養生訓』巻第二の三十六）

すべてを完全にやろうとすると、負担になって楽しめなくなる。多少でも気に入ればよい。完全無欠なものを好んではいけない――。

何事も「ほどほど」が大切。それは自分に対してだけでなく、他人に対しても同じです。相手に完璧さを求めてしまうと、それができないときにイライラします。

とりわけ日本人はなんでもきっちりとやらないと気が済まない性分です。私がいつも感心しているのは、電車の定刻発車です。山手線など、よくあれだけの本数を時間通りに運行できるものだと思います。時間に正確なのは基本的にいいことですが、ただこの正確さに慣れてしまうと、ちょっと遅れただけでイライラするようになります。完全無欠でないと満足できない人は、怒りの沸点が低いのです。

また、略した箇所には、衣食住や身のまわりのもの、草木に対しても完璧さを求めてはいけないとあります。食事をするときに、「この味がいまいちだ」「いい食材を使っていない」と欠点ばかりを挙げていたのでは、せっかくの楽しいひとときも台なしになってしまいます。何事も六、七割よければそれでよし。そのぐらいでゆるくかまえていたほうが、日々機嫌よくすごせるのです。

ささいなことに楽しみを見い出す

『養生訓』には、さまざまな用心すべきことが書かれています。これだけ注意深く暮らさなければいけないのは大変だと思うかもしれません。しかし、その根底には「長生きして人生を楽しもう！」という益軒の強いメッセージが流れています。

貧賤なる人も、道を楽しんで日をわたらば、大なる幸なり。

（『養生訓』巻第二の十八）

貧しい人も、道に従って楽しんですごすならば、大いに幸せである。益軒は「物質的な豊かさよりも、道を楽しんで暮らせばいい」と言います。

お金がなければ楽しめないと思っている人も多いかもしれませんが、お金やものによって与えられる楽しさには限りがあります。最近は若者が車やブランド品をほしがらないとよく言われます。それは、文明が進化してひと通りのものがいきわたった結果、ものがもたらす魅力には限界があると人々が気づきはじめたということでしょう。

もちろんお金はほどほどになくては困りますが、それよりも些細なことに楽しみを見い出せるほうが、日々満ち足りて暮らせるはずです。

そこで私が思い出すのは、江戸時代末期を生きた橘《たちばなの》曙覧《あけみ》という歌人です。彼の歌を編纂した「独楽吟《どくらくぎん》」のなかに、日々の楽しみを表現した一連の歌があります。いくつか引用してみましょう。

たのしみは　妻子睦《むつ》まじく　うちつどひ　頭ならべて　物をくふ時
たのしみは　空暖かに　うち晴れし　春秋の日に　出《い》でありく時
たのしみは　朝おきいでて　昨日まで　無かりし花の　咲ける見る時
たのしみは　あき米櫃《こめびつ》に　米いでき　今一月は　よしといふ時
たのしみは　門売りありく　魚買ひて　煮る鍋の香を　鼻に嗅ぐ時
たのしみは　銭なくなりて　わびをるに　人の来たりて　銭くれし時

たのしみは　心をおかぬ　友どちと　笑ひかたりて　腹をよるとき
たのしみは　客人《まれびと》えたる　折しもあれ　瓢《ひさご》に酒のありあへる時
たのしみは　機《はた》おりたてて　新しき　ころもを縫ひて　妻が着《き》する時
たのしみは　三人《みたり》の児ども　すくすくと　大きくなれる　姿見る時

すべて「たのしみは〜」からはじまり、日々のちょっとしたことを歌っています。妻子が仲睦まじく頭を並べて食事しているときや、晴れわたった春や秋に散歩するとき。空《から》だった米櫃に米がいっぱい入って今月は大丈夫だと思うときなんておもしろいものもあります。子どもがすくすくと育っている姿をみるときなど、楽しみは江戸時代も今も変わらないんだなあとしみじみ思います。

家族の姿や自然の移り変わり、友人とのおしゃべり。そんな日々のたわいもないことに楽しみを見つけられるのは素敵なことです。楽しいことが日々あると思えば、何もない一日一日がかけがえのないものに見えてくるでしょう。

楽しみさえも貪《むさぼ》らない。ほどほどの楽しみで満足できるようになれば、物質的にはそれほど豊かでなくても、人はこの世界を楽しくわたっていけるのです。

長生きは楽しい!

終わりに、益軒が考える「三楽」をご紹介しましょう。三楽とは、人生の三つの楽しみを挙げたものです。

およそ人の楽しむべきこと三あり。一には身に道を行ひ、ひが事なくして善を楽しむにあり。二には身に病なくして、快く楽しむにあり。三には命ながくして、久しくたのしむにあり。富貴にしても、此三の楽なければ、真《まこと》の楽なし。

（『養生訓』巻第一の二十二）

孟子も三楽を説いていますが、それは「一、一家の無事息災」「二、心にやましいことがない」「三、英才教育で優れた才能を育てる」というもの。また列子《れっし》も三楽について語っており、それは「一、人間として生まれたこと」「二、男子として生まれたこと」「三、長生きしていること」です。こうして三人の三楽を並べてみると、益軒の言葉が私の心にはもっとも身近に響いてきます。

一、道を行い、心得違いをせず、善を楽しむこと
二、健康で気持ちよく楽しむこと

三、長生きして、長く久しく楽しむこと

そして、「いくら財産を持っていたとしても、この三つがなければ意味がない」と締めくくっています。悪いことをせず、健康で、快く、長く楽しんですごす。それは金銭には替えがたい価値があるのです。

最近は「老後破産」という特集番組が話題になったり、「介護漂流」といった言葉が聞かれるなど、老後には暗いイメージがまとわりついています。かつて長寿は祝うべきことでしたが、多くの人が長生きする社会になった結果、次々と問題が起きています。しかし、益軒は長生きするからこそわかることや学べることもあると語っています。

人生の長い下り坂をどう歩んでいくのか。そう考えたとき、『養生訓』にある言葉は、昔とくらべてよりリアルに響いてくるでしょう。長寿社会を迎えた今の時代にこそ、読んでほしい一冊です。

第4章

病とともに生きる

正岡子規の『病牀六尺』～病を得たからこそわかる価値

健康だけがすべてではない

昨今、世の中にはありとあらゆる健康情報があふれています。朝のテレビ番組で何か一つの食べものが紹介されると、夕方にはスーパーで売り切れることもしばしばです。サプリメントやマッサージ器など健康にまつわる商品も次々と新しいものが売りに出されます。まるで世の大半の人が健康で長生きすることしか頭にないかのようです。

病は自ら進んでなるものではないので、健康志向もわからないわけではありません。ただ生きることに関してそこまで健康至上主義でなくてもいいのではないかと疑問に思います。

なぜなら、病を得たからこそわかる命の価値もあるからです。健康を失ったからといって、何もかもなくなってしまうわけではありません。「一病息災」という言葉があり、内田百閒《ひやっけん》も本のタイトルにしていますが、持病が一つぐらいあるほうが身体に気を遣って息災である、すなわち健康で長生きできる場合もあります。健康でいるよりも病を得たほうが生きている実感が湧き、命を大事にするようになることもあるのです。

病をしたあとには、この世界がちょっと違って見えることがあります。とくに死ぬほどの大病を経験した人は、人生観が変わることがあります。より一層死ぬのが怖くなる人もいるでしょうし、逆にそこで生きる価値に目覚めて、死に対してポジティブに向き合うことも起こり得ます。

ある人が大病を患ったことをきっかけに、自分のこれまでの人生を振り返り、「ただわさわさと忙しく生きていただけだったなあ」と反省する。そして「あの病気をしたあとは余生だから」と余裕をもってこの世を生きていこうと心に決めたなら、人生のステージはガラリと変わるに違いありません。

病を抱えている人の死生観と健康な人の死生観は異なります。病めるなかで生きる意味を得た、先達《せんだつ》の声に耳を傾けることは一つの死生観の学びです。それはいずれ自分が病にかかったときも支えになってくれるはずです。

病めるなかで多くの文学作品を残した人物といえば、俳人・歌人の正岡子規です。その著名な『病牀六尺《びょうしょうろくしゃく》』を中心に、本章では病を通した死生観というものを考えてみましょう。

布団のなかで綴られた『病牀六尺』

苦痛にあえいでいるからこそ、よりリアルに生きていることの本質をとらえられることがあります。『病牀六尺』は、まさにそのことを教えてくれる一冊です。

正岡子規は結核からくる重い脊椎カリエスを患い、寝たきりのまま数々の俳句や短歌、評論を残しました。『病牀六尺』は、『墨汁一滴』に続いて『日本』という新聞に連載し、亡くなる二日前まで書き続けた随筆集です。亡くなったのは、三十五歳を目前にした一九〇二（明治三五）年九月十九日のことでした。

さっそく冒頭の部分を読んでみましょう。

病床六尺、これが我世界である。しかもこの六尺の病床が余には広過ぎるのである。僅《わず》かに手を延ばして畳に触れる事はあるが、蒲団《ふとん》の外へまで足を延ばして体をくつろぐ事も出来ない。甚《はなは》だしい時は極端の苦痛に苦しめられて五分も一寸も体の動けない事がある。

（『病牀六尺』五月五日）

一八〇センチの布団が自分のすべての世界だけれど、それさえも広すぎる。布団から足を出してくつろぐこともできず、ひどいときは苦痛でたった一・五センチ、三センチも動けない——。

壮絶な闘病の様子を簡潔に綴ってから「苦痛や悶絶、号泣にまみれていても、言いたいことは言いたい」と続けます。そして「年が年中、しかも六年の間世間も知らずに寐《ね》て居た病人の感じは先づこんなものですと前置きして」と結んでいます。

この冒頭の箇所は、いわば宣言のようなものです。この日記は自分のために書いたものではなく、言いたいことを外に発するために書いたものであると読者に語りかけています。

それにしてもすさまじい意識のエネルギーです。病魔に侵され、身動きができなくても、意識だけははっきりしているわけです。そして、病床で新聞を読んだり、窓を眺めたりして、腹を立てたり、たまには病気の苦しさを忘れるほどのうれしさを感じたりしながら、子規はえんえん百何十回と書き続けました。これを手に取ってみると、まずはその強靭な精神に驚かされるでしょう。

闘病の苦しみを正直に表現する

『病牀六尺』の魅力は、その人間らしさにあると思います。『葉隠』をはじめ武士道を説いたものでは、武士は理不尽にも耐えるものだと教えています。しかし、子規は忍耐などおかまいなしです。松山藩士の長男ですが、武士の精神はいったん棚上げしているかのようです。激しい痛みに襲われれば号泣して、「痛い、痛い」と絶叫します。そして、その悶絶する自分の姿を包み隠さず書いています。

たとえば、『病牀六尺』の前年に書かれた『墨汁一滴』では次のように記しています。

をかしければ笑ふ。悲しければ泣く。しかし痛の烈しい時には仕様がないから、うめくか、叫ぶか、泣くか、または黙つてこらへて居るかする。その中で黙つてこらへて居るのが一番苦しい。盛んにうめき、盛んに叫び、盛んに泣くと少しく痛が減ずる。

（『墨汁一滴』四月十九日）

痛みが激しいときは、叫ぶか泣くか、黙って耐えているが、黙って耐えるのが一番苦しい。だから、盛んに叫び、泣く。子規は、叫ぶことや泣くことを我慢していません。忍従の武士道とまったく違って大騒ぎです。

さらに病が進行した翌年には、苦痛はさらに強くなり、その叫びにも緊迫感が増していきます。『病牀六尺』では、身動きができるあいだは病気がつらいとは思わなかったが、動けなくなってからは「精神の煩悶を起して、殆《ほとん》ど毎日気違《きちがい》のやうな苦しみをする」と語り、次のように記します。

この苦しみを受けまいと思ふて、色々に工夫して、あるいは動かぬ体を無理に動かして見る。いよいよ煩悶する。頭がムシヤムシヤとなる。（中略）絶叫。号泣。ますます絶叫する、ますます号泣する。

（『病牀六尺』六月二十日）

しかし、苦しいからといって狂人にもなれないし、死ぬこともままならず、殺してくれる人もいない。夜になって一日の苦しみが終わると、また翌朝に寝起きの苦しみがやってくると想像すると思いやられる。そう書いたあとに「誰かこの苦を助けてくれるものはあるまいか、誰かこの苦を助けてくれるものはあるまいか」と問いかけて、この日の日記は終わります。

のたうちまわる姿がまるで目に浮かぶようです。たしかに子規は苦しかったのだと思います。しかし、同じように病に苦しみ、「痛い、痛い」と叫んだ人はそれまでも大勢いたはずです。ただ、その姿をここまで言葉によって表現した人はいませんでした。そこが子規の稀有《けう》なところです。

この世界になぜ自分はこうして存在しているのか。病気である自分は生きる価値があるのだろうか。そう煩悶しながら書き、生きる。苦しみの叫びさえも、もはや一つの表現になっているのです。

悟りとはいかなるときも平気で生きること

痛みによる絶叫のなかで子規が見い出したのは、それまでとは違う死生観でした。

病がまだ比較的軽かった頃、子規は須磨の保養院で病気療養していました。そのときには熊沢蕃山作の「この上に憂き事の積もれかし限りある身の力ためさん」という歌を引用した手紙を書いたりして、「自分の力を試そう」と我が身の逆境をポジティブにとらえていました。しかし、それは病気の入り口にすぎず、本当の苦しみは予想外だったと言っています。そして、次のような死生観を語ります。

余は今まで禅宗のいはゆる悟りといふ事を誤解して居た。悟りといふ事は如何《いか》なる場合にも平気で死ぬる事かと思つて居たのは間違ひで、悟りといふ事は如何なる場合にも平気で生きて居る事であつた。

（『病牀六尺』六月二日）

悟りとは、平気で死ぬことかと思っていたけれど、それは間違っていた。どんな状況でも平気で生きることが悟りなのだ——。

これは、闘病している人ならではの興味深い見方だと思います。健康な人はいずれ訪れる死を怖がり、その恐怖を克服することが悟りだと考えます。しかし、不治の病にかかった人にとって、死は近い将来に必ず訪れる必然です。ですから死そのものよりも、死を迎えるまでの時間をいかに生きるかのほうが問題になります。そこで「病の苦しみや不自由さのなかでも、平気に生きることが悟りの境地である」という考えに至ります。つまり、死から生への視点の転換が起きているのです。

また七月十六日には「死生の問題は大問題ではあるが、それは極《ごく》単純な事であるので、一旦あきらめてしまへば直《ただち》に解決されてしまふ」と綴っています。「生きるか死ぬか」の問題は諦めてしまえば済む単純な話です。むしろそれよりむずかしいのは「いかに生きるか」ということ。そしてそれこそが、子規の最大の関心事でした。

肉体的な介護より精神的な介護

「いかに生きるか」といっても、子規の場合は六年間も寝たきりでした。その陰には献身的に看病する母の八重《やえ》と妹の律《りつ》の姿がありました。

たとえば「いくたびも雪の深さを尋ねけり」という句を残しています。雪が降っても自分では見ることもできない。そこで「雪の深さはどうなんだ」とたびたび尋ねている。言葉では直接ふれられていませんが、そこには彼女たちの存在が感じられます。

また、「鶏頭《けいとう》の十四五本もありぬべし」という句をはじめ、ケイトウの花をたびたび詠んでいます。寝たきりの子規にとって庭は、唯一見ることのできる外界でした。そこで妹は庭の草木を世話したり、植え替えたりして、子規の目を楽しませようとしました。

しかし、そんな献身的な看護にも子規は不満をもらします。明治時代は男性が威張っていました。ましてや子規は長男で、もともとものをはっきり言う人でした。ですから世話をする二人は大変だったと思います。

ただ、子規の言うことを単に病人のわがままととらえてしまうのは早急でしょう。その率直な意見は、介護や看護に対する一つの問題提起になっています。

たとえば前項で引用した七月十六日の日記では、病人にとって生死よりも問題なのは「直接に病人の苦楽に関係する問題は家庭の問題である、介抱の問題である」と続けています。病気が苦しくなったときや精神が衰弱して心細くなったときに、傍らにいる者が上手に看護してくれれば、病人は苦しみを忘れる。しかし、反対に家族の女たちの看護が下手だといらいらしてくると語ります。

では、子規の考える上手な看護とはどういうものでしょうか。


病気の介抱に精神的と形式的との二様がある。精神的の介抱といふのは看護人が同情を以て病人を介抱する事である。(中略)もしいづれか一つを択ぶといふ事ならばむしろ精神的同情のある方を必要とする。

正岡子規が晩年を過ごした子規庵。窓の外にはヘチマが見える
（毎日新聞社提供）

（『病牀六尺』七月二十日）

形式的の介抱とは、薬を飲ませたり、包帯を巻いたり、背中をさすったりすること。また、病人が食べたいと思う食事をうまくつくることも挙げています。子規はおいしいものが好きでした。病床から「あれが食べたい」「これが食べたい」と言って、ずいぶん家族を困らせています。しかし、そのような肉体的な介護は形式的なものであって、それよりも大切なのは精神の介抱だと言います。

精神の介抱とは、患者の精神に寄り添って、苦痛をやわらげてくれるような介護のこと。具体的には、家事との両立を工夫してなるべく側にいること、些細なことにもよく気がつくこと、退屈を紛らわせてくれるような雑談ができることなどを挙げています。

しかし子規は、自分の家族は介抱が下手だと言います。「我々の家族は生れてから田舎に生活した者であつて、勿論《もちろん》教育抔《など》は受けた事がない」（『病牀六尺』七月十七日）ため、話がおもしろくない。新聞を読ませようとしても振り仮名のあるものしか読めない。振り仮名があっても、すぐに読むのに飽きてしまう。そこで「ここにおいて始めて感じた。教育は女子に必要である」（前同）という結論に至ります。そして、看護や介護における女子の教育の必要性を切々と訴えます。

人に頼らないと生きていけないとなると、たいていの人は依存する情けなさや申し訳なさを感じるものです。しかし、子規はまったくそんなふうに感じていません。だからこそふつうは遠慮して出てこない介護される側の本音が表れている面があります。

「薬は用意しました」「お風呂を入れました」といくら「これだけのことをしました」とやったことを並べられても、介護される人の心は慰められないでしょう。もちろん身のまわりの介護をきちんとするのは大変なことです。しかし、それだけが介護のすべてではありません。ときに「少しいいですか」と声をかけ、いろんな話をしてくれる。その人の苦痛に寄り添って共感し、言葉をかけてくれる人がいるのといないのとでは闘病のつらさも変わってくるでしょう。子規の指摘は、これからの介護の考え方にヒントになるのではないかと思います。

残念なのは、看病した家族の記録がないことです。もし妹の律が記録を残していれば、「兄がこんなことを言っていて参った」などと、同じ出来事を別の視点からも見ることができたでしょう。介護される側と介護する側、両方の記録があれば、また違った読み方ができたのではないかと思います。

『楷山節考』から学ぶ老後の覚悟

介護に対する子規の意見は本質を突いていますが、介護を取り巻く環境は当時と今とではかなり変化しています。子規は三十四歳で亡くなりましたから、介護をする側が若く、体力もあったでしょう。しかし、最近では八十歳、九十歳の人を同年代の配偶者や六十歳、七十歳の娘や息子、嫁が面倒を見るという「老老介護」が発生する時代になっています。そこで私の頭に浮かぶのは深沢七郎の名作『楢山節考《ならやまぶしこう》』です。

この小説は、口減らしのために老人を山に捨てるという「姥捨《うばすて》」の伝説を題材にしています。

主人公のおりんというおばあさんは、もうすぐ自分は楢山へ参ることになるだろうと決心し、残された者たちにごちそうやどぶろくをつくって準備を進めていました。しかし、息子の辰平はなかなか決断しません。楢山参りとは、年寄りを山に捨て置くこと。すなわちおりんの死を意味しているからです。しかし、いよいよ食料が底を尽きてきたところで、辰平はやっと「おばあやん、来年は山へ行くかなあ」と言います。おりんは「それをきくとほっとした。辰平はやっとその気になってくれたのだと安心したのである」と受け止めます。

終盤では、辰平がおりんを置いて山を下るときに雪がちらつきはじめます。辰平は「おばあやんは運がいいなあ」と思い、それを一言だけおりんに伝えたいと「うしろを振り返ってはいけない」という山の誓いに背き、おりんのもとへ引き返します。戻ってみると、前髪や胸、膝にどんどん白い雪が積もるなか、おりんはむしろの上に座って「白狐のように一点を見つめながら」念仏を唱えていました。そこで辰平は言います。「おっかあ、雪が降ってきたよう」――。

雪が降ってきてなぜ運がいいのでしょうか。雪が降るなかでじっと座っていれば凍え死んでしまうでしょう。しかし、それは「きれいな死」を迎えることを意味していました。みんなのために潔《いさぎよ》く死んでいこうとするおりんの希望が叶ったわけです。

辰平の心は「寒いだろうなあ」と母親の身体を心配する一方で、「運がいいなあ」と揺れ動きます。決して情愛がないわけではないのに、一緒に暮らすことが許されない。そこに胸を締めつけられるような切なさを感じます。

現代に姥捨山があったら大きな社会問題になるでしょう。とはいえ私たちも晩年、介護が必要になったときに家族に非常に大変な負担をかけるかもしれません。

かつては長男のお嫁さんが親の面倒をみることが当たり前に行われていましたが、今は核家族化が進み、平均寿命もどんどん延びています。そうしたなかで年老いた家族に介護を全面的に頼るのはますます困難になっています。そうでなくても介護は家族の自由を奪い、彼らの人生や生活を大きく変えてしまうことがあります。どこかで「自分はそろそろ介護施設に入るよ」と決断しなくてはいけない局面が出てくるかもしれません。

理想の最期は、家族のなかで健康に暮らして気がついたらぽっくり死んでいた、というものでしょう。しかし、現実が望みどおりになるとはかぎりません。ですから、あまり人には迷惑をかけないで最後を過ごすということも考えておく必要があるでしょう。

それは家族のあいだに情愛がないからではなく、情愛があるからこその決断です。寂しい気持ちは拭《ぬぐ》えませんが、おりんのような覚悟を心のどこかで持っておいたほうがいいと私自身も常々思っています。

限られた時間のなかで感じる生の手ざわり

これまで看病される側の気持ちをみてきましたが、ここで少し看病する側の立場も考えてみましょう。堀辰雄の小説『風立ちぬ』は、病を通して描かれる生の物語です。結核に冒された婚約者の節子に付き添う「私」が、近いうちに訪れるであろう別れを強く意識しながらともにすごす日々を描いています。

サナトリウムという隔離された空間で、節子と「私」は二人だけの世界をつくりあげていきます。私がこんなに病弱であなたに気の毒だと節子が言うと、私は聞こえないふりをしながら「お前のそういう脆弱《ひよわ》なのが、そうでないより私にはもっとお前をいとしいものにさせているのだと云うことが、どうして分らないのだろうなあ……」と心のなかで呟きます。節子のはかなさが、より愛おしさを増すことになっているということです。ならば節子が病気でなければどうだったのかと聞きたくもなりますが、病気を通じて相手のかけがえのなさをより強く感じることはあるでしょう。

病気によってそれまでの日常が壊され、今度は闘病生活のなかで新たな日常がはじまります。そして、その日常の何気ない風景の一つひとつが愛おしく感じられるようになります。

> 時間から抜け出したやうな日々にあつては、私達の日常生活のどんな些細なものまで、その一つ一つがいままでとは全然異った魅力を持ち出すのだ。私の身近にあるこの微温《ぬる》い、好い匂いのする存在、その少し早い呼吸、私の手をとっているそのしなやかな手、その微笑、それからときどき取り交わす平凡な会話――そう云ったものを熱し取り除いてしまうとしたら、あとには何も残らないような単一な日々だけれども、――我々の人生なんぞというものは要素的には実はこれだけなのだ。
>
> （堀辰雄『風立ちぬ』）

死と隣り合わせの状況にあって、毎日の日課をこなせるということはこのうえない喜びです。明日にはこの喜びが消えてしまうかもしれないと思うと、相手のぬくもりや匂いなどささいなことが輝きを放ち出します。限られた貴重な時間だからこそ、生の手ざわりみたいなものがよりくっきりと感じられるようになるのです。

そして互いを気遣い、ちょっとした表情も見逃さず、魂をふるわせ、二人だけの時間を深く味わう。そこには「死の味のする生の幸福」とも言うべき悦楽が存在しています。

この感覚は、身近な人を看取った経験がある人ならわかるのではないでしょうか。

残された短い時間のなかで看病している相手との濃密な関係が築かれ、一瞬一瞬が輝き出す。たとえ相手がこの世から去ってしまっても、その濃い時間は遺された人の心のなかで大切な記憶として生き続けます。思い出のなかにそのような記憶を持っていることは、ある意味幸せなことではないかと思います。

動けなくても想像の翼がある

ふたたび子規の話に戻りましょう。

子規は病の床にある世界で、苦しみながらも自分の生き方を確立していきます。布団の側にお客さんも来れば、話もする。庭を見て、俳句をつくる。食事もすれば、家人に文句も言う。そうした日々をすごしながら、自分の世界を築きあげていきます。

『墨汁一滴』のなかで「痛くて痛くてたまらぬ時、十四、五年前に見た吾妻村《あずまむら》あたりの植木屋の石竹畠《せきちくばたけ》を思ひ出して見た」（五月十七日）という記述が出てきます。痛みの激しいときに十四、五年前の記憶をさかのぼって、「あんな畑があったなあ」と思い出してみる。記憶をたどるのは、動けなくてもできることです。病気で寝ているなかで、禅の教えのように「今」を感じるのには限界があります。そこで記憶のなかを旅するという楽しみが生まれてくるのです。

宮沢賢治の作品に『疾中《しっちゅう》』と題された闘病時代の一連の詩があります。冒頭は次のような短い詩からはじまります。

たけにぐさに
風が吹いてゐるといふことである

たけにぐさの群落にも
風が吹いてゐるといふことである

（宮沢賢治『疾中』「病床」）

たけにぐさとは、小さな白い花をつけるケシ科の植物です。病床にあって、野の草花が風に吹かれているんだろうなあと想像する。「外を歩きまわっていたときは幸せだったのだ」と

しみじみ思う気持ちがよく表れています。ほかにも風が「出てこい」と呼んでいるという「風がおもてで呼んでゐる」という詩も収録されています。

風を切って大股でぐんぐん歩くのは賢治のイマジネーションの源でした。歩きまわりながらメモする習慣があったことはよく知られています。しかし病気になって、かつてはぐんぐん歩くことができた健康な足が失われます。そのときになって初めて、大股で外を歩くことは奇跡のようなことだったのだと気づきます。その感慨は書簡にも綴られています。

病になったあとに「ああいうふうに散歩できていたのは、とても価値があったんだ」と日常であたりまえにできていたことをありがたいと思う。それは高齢者も一緒でしょう。足腰が痛んで自由に歩きまわれなくなったとき、「昔はデパートに行って買いものをしたなあ」「海外旅行でいろんなところに行ったなあ」と思い出しながら、「あの頃は自由に歩けて幸せだったんだ」とあとになって気づく。記憶の深層から、かつて自分ができていたことのすごさを再発見するわけです。いわば自分の価値を見い出していく作業です。

芭蕉の「旅に病んで夢は枯野をかけ廻る」という有名な句も、病床にあってイマジネーションを飛翔させています。病気がちな子どもは本を読んで想像の世界に遊ぶとよく言います。SF小説や推理小説を読んで、頭のなかで自分を遊ばせるのです。それは意識の旅と言ってもいいでしょう。

想像力は無限です。想像の翼があればどこにでも飛んでいけます。たとえ病床にあって動けない人でも想像力が豊かであれば、現実の生活にあくせくとらわれている健康な人より幸福感があるとも言えるでしょう。そしてこれもまた、一つの充実した生のあり方なのです。

病人が健常者を励ますという逆説

子規のその膨大なエネルギーの源は、病床についていても決して好奇心が失われないところにありました。「病気の境涯に処しては、病気を楽しむといふことにならなければ生きて居ても何の面白味もない」(『病牀六尺』七月二十六日)と書いているように、病気の自分は変えられませんから、鬱々としていてもしかたありません。子規は積極的に自分の暮らしに楽しみを見い出そうとしていました。

たとえば食べもののことをいろいろと考察してみたり、人から贈られた人形や掛け軸を鑑賞したりと、なかなかに多趣味です。また四季折々の草花を写生するのも楽しみの一つでした。八月九日の日記には、色を重ねて少しくすんだ赤や少し黄色味を帯びた赤など、微妙な色の違いを工夫しています。「神様が草花を染める時もやはりこんなに工夫して楽しんで居るのであらうか」という一文からは、ちょっとした色合いを無邪気に楽しむ子規の姿が浮かびあがってきます。

闘病のすえに絵描きになった人といえば、詩人で画家の星野富弘さんがいます。星野さんはもともと中学校の体育の先生でしたが、不幸にも事故で首から下が不随になってしまいました。その後、長い入院生活を通じ、口で筆をくわえて文字や絵を描くようになります。小さな野の草花に素朴な言葉を添えた星野さんの色紙には命をいつくしむやさしいまなざしがあり、多くの人々の共感を呼んでいます。

子規の俳句や短歌、随筆が今も読み継がれているように、病気になった人、障害を持った人が健康な人々を励ますという逆説は多々起きます。病の向かい方次第では、健康な状態ではなかなか得られない覚悟が得られます。そして、その覚悟ゆえに多くの人々に感動を与える仕事を成し遂げる可能性があるのです。

大病を得たからこそわかること

大病をすると、人は「人生というのは意外にあっけなく終わってしまうものだなあ」と感じるようになります。そして、快復したら「これをやっておこう」「あれもやっておこう」と、いつお迎えが来ても後悔しないように日々をすごそうという意識に変わっていきます。命のはかなさを実感として学ぶわけです。

私自身も四十代の半ばで倒れた経験があります。その頃の私はかなり無理して仕事をしていました。睡眠時間も短く、テレビに出演してから地方で開かれる講演会に向かい、終わってから東京に戻って大学で授業をして、本を書いてからトークショーに出演し、打ち上げで飲む。そんなめちゃくちゃなスケジュールをこなしていたら、身体が悲鳴を上げて倒れてしまったのです。

以来、仕事を死ぬほどやってはダメだと思うようになりました。仕事のペースをコントロールしながら、「やるべきことに集中しよう」「いつ死んでもいいような仕事をしよう」という意識に変わりました。

人間関係においても、自分と気の合わない人とすごして時間を取られるのはもったいないと思うようになりました。ですから、できるだけ相性のいい人たちと気持ちいい時間をすごすようにしようと心に決めました。仕事を一緒にする相手にしても「この人と組んだらスムーズに段取りが運ぶ」「この人と一緒だと、かけたエネルギーに対してパフォーマンスがよい」といった視点で判断して、自分で選択するようになりました。

日本人は根本的に働くのが嫌いという人は少ないでしょう。早くリタイアしたいと思う人より、できるだけ長く働いていたいと思っている人が多数派だと思います。

石川啄木の歌に「こころよくわれにはたらく仕事あれそれをしとげて死なんとぞ思う」（『一握の砂』）というものがあります。快く働く仕事があれば、それを成し遂げて死のうという意味です。死までは意識しなくても、気持ちよく働いていたいと願う人は多いでしょう。そのときに時間の大切さをわかっているもの同士、エネルギーの大切さをわかっているもの同士で仕事をすると、エネルギーのコストが少なく、いいものが仕上がった手応えが感じられます。おまけに「仕事だけど遊んでいる感じがしたね」と言い合えるようなら最高です。

生きている時間にはかぎりがあります。病気のあとは、その貴重な時間が無駄に流れていってしまうことに対して敏感になります。そのぶん無理をしなくなり、何を優先させるかという押さえどころがうまくなります。

病もまた「生」の一部です。病があなたの生をより豊かにしてくれる可能性は十分あります。そのことをぜひ忘れないでいてください。

第5章

その瞬間まで精神を保つ

V・E・フランクルの『夜と霧』、『きけわだつみのこえ』ほか

～極限状況の生が教えてくれること

自分の使命を見出せると人は変わる

第二次世界大戦が終結してから七十年を過ぎ、日本では平和な時代が続いていますが、世界中のあちこちで今も武力紛争が起きています。その多くは、民族や宗教間の対立が背景にある内戦です。

日本の歴史において、日本人同士が殺し合うことは南北朝の動乱、応仁の乱から戦国時代、戊辰戦争の短い時期を除いてそう多くはありません。しかし、世界ではこれまでも内戦や虐殺によって多くの命が奪われてきました。

なかでも「ジェノサイド」と呼ばれる大量殺戮行為は、戦争とはまた異なる精神的苦痛を人々に与えます。ジェノサイドとは、ある人種や民族を計画的に絶滅させようとすること。よく知られているのはナチス・ドイツがユダヤ人に行ったホロコーストです。アウシュヴィッツの強制収容所では百万人を超える人々が殺され、ホロコースト全体の犠牲者数は約六百万人におよぶとされています。

ほかには毛沢東やポル・ポトのジェノサイドが有名です。また、スターリンによる大量虐殺もジェノサイドではないかと言われています。歴史学者のノーマン・M・ネイマークが『スターリンのジェノサイド』という本を出版していますが、それによるとスターリンは百万人を超える自国民を処刑したばかりか、その周辺国も含めた何百万人もの人々を死に追いやっています。密告がどんどんとエスカレートするなか、無実の人も数多く犠牲になりました。

二〇一〇年に公開された映画『戦火のナージャ』を見ると、当時のソ連の重苦しい空気が伝わってきます。スターリンの大粛清によって罪を着せられ、処刑されたとされる革命の英雄コトフ。あるとき、その娘ナージャは父がまだ生きていることを知り、従軍看護婦となって戦火に飛び込んでいきます。

印象的なのは、ドイツ軍の激しい攻撃に遭いながらも生き延びたナージャが「自分の使命は父を探すことだ」と心に誓うシーンです。「生きるのに耐えられない」とナージャが言うと、一緒に助かった女性が「生きることを神が望んだということは、神があなたに何かしらの使命を残したということだ」といった意味のことを言います。そこでナージャは、自分の使命は会えなくなった父親を探すためだと思って立ち直ります。

何もかもめちゃくちゃになった悲惨な状況で、生きていくことに疲れ切ってしまう。しかし、そのときに何かしら自分の生きている意味、使命のようなものを見い出せると人は変わります。ふたたび前を向けるようになるのです。

極限の世界を描く映画や小説はほかにもありますが、そうした作品は私たちに生きる力を与えてくれます。私たちの多くはそのような極限的な状況を経験することもなく、病院などで亡くなっていきます。しかし、人類の歴史のなかでは過酷な状況に置かれた人々が少なからずいます。そうした人たちの姿を目にして、多くの人はいかに今の自分の境遇が幸せであるかということに気づかされるでしょう。そしてその幸せを無駄にしていないか、あらためて自分の生き方を問い直す機会を与えてくれるのです。

極限状況を冷静に見つめた精神医学者

極限状況を通じて、自分の生きている意味を考えさせてくれる。そうした読書体験をこれまで数多くの人に与えてきたのがヴィクトール・E・フランクルの『夜と霧』です。私のまわりでも「これを読んで人生観が変わった」と言う人が多くいます。

アウシュヴィッツに送り込まれたユダヤ人のフランクルは、ウィーンの精神病院で女性の自殺患者部門の責任者を務めていました。『夜と霧』は、精神医学者という分析能力のある人間が自らも含め、収容所にいる人々の精神状態を観察した貴重な記録でもあります。

恐怖の体験は、フランクルを乗せた列車が停車場に滑り込むところから始まります。

貨車の中で不安に待っている人々の群の中から突然一つの叫びが挙がった。「ここに立札がある――アウシュヴィッツだ！」各人は、この瞬間、どんなに心臓が停まるかを感ぜざるを得なかった。

（『夜と霧』）

その頃、すでに人々はアウシュヴィッツがいかなる場所であるか知っていました。大勢の人間を効率的に殺してしまうガス室があり、集団殺害の場であるとして人々から恐れられていたのです。そのアウシュヴィッツに列車が停まったことで、人々のあいだに絶望が広がっていきました。

到着した先では、将校が指のかすかな動きで人々を右と左の列に分けていました。これがじつは、生死を分ける第一の関門だったことをあとになって知ります。

夕方にわれわれは人差指のこの遊びの意味を知った。それは最初の選抜だったのだ！存在と非存在、生と死の最初の決定であったのである。われわれ輸送された者の大部分、約九〇パーセントにとっては、それは死の宣告であった。

（『夜と霧』）

左側は労働できる人間。右側は労働不能者および病者。フランクルは左側に送られます。

右側に送られた人たちはプラットフォームから直接ガス室に連れていかれ、そこで浴場だと言われて石鹸を渡され、服を脱ぐよう命じられたのちに裸で殺されたのです。ほんのわずかな指の動きで生死が決められるとは、その時点で命が非常に軽く扱われているということです。

その後、収容者たちは荷物や身につけていたものをすべて取りあげられ、番号を割り振られました。そしてマイナス二十度の極寒のなか、過酷な労働に従事させられます。与えられる食事は、わずかなパンと薄いスープだけ。かといって倒れるわけにはいきません。労働不能者とのレッテルを貼られることは、すなわち「死」を意味しているからです。

しかし、そのような過酷な日々にも次第に慣れていきます。ドストエフスキーの小説『死の家の記録』を引用しながら、「かつて人間を定義して、すべてに慣れ得るものとした命題がどんなに正しいかを意識せざるを得ないのであった」と語ります。

こうして人間としての尊厳を奪われた状態ですごすなか、人々の心境にも変化が訪れます。

極限状態が招く無感覚の怖さ

アウシュヴィッツに到着したときのショックや興奮が数日で落ち着いてくると、今度は無関心、無感覚になっていくことにフランクルは気づきました。

第二の段階とは比較的無感動の段階である。すなわち内面的な死滅が徐々に始まったのである。（中略）第一期には、苦悩に充ちたその他なお様々な感情興奮を体験するのであるが、やがてまもなく彼は自らの中でこれらを殺すことを始めるのである。

（『夜と霧』）

仲間が殴られたり、いじめられたりするたび、最初のうちはみな見るのに耐えられず目をそらしていました。しかし数週間も経つと、そのような姿は当たり前の眺めになってしまい、無感動でぼんやりと見るようになります。「無感動こそ、当時囚人の心をつつむ最も必要な装甲であった」とあるように、感情を麻痺させて無感覚でいることが最大の精神的な自己防衛策でした。無感動であれば、たとえ自分が殴られたり嘲笑されたりしても傷つきません。そうしてどんどん心を殺していったのです。

また収容所では、自分を守るためにできるだけ目立たないことも重要でした。五列に並んで歩くとき、誰もが真ん中に行こうとしました。群衆のなかに消えてしまえば、横から親衛隊員に殴られることもなく、監視の目も逃れやすかったからです。

こうした状況下で列の真ん中に入ろうとするのは、人々に共通した心理のようです。というのも、詩人の石原吉郎さんが自身のシベリア抑留体験を綴った『望郷と海』で似たような記述が出てくるからです。

そのなかに戦友の鹿野武一さんという方について書いた「ペシミストの勇気について」というエッセイがあります。鹿野さんは極限状態のなかでも、まわりの状況に飲み込まれず自分の生き方を貫いた人です。

エッセイには、五人の列があると、みんな端に立つのを嫌がるというエピソードが出てきます。でも鹿野さんはいつも自ら進んで端に立つことを選んでいました。まわりが自分の存在を消そうとするなか、鹿野さんだけはいわば自分の存在証明をしていたわけです。

しかし、そのような勇気ある行動を取れる人はごく少数だったでしょう。フランクルが語るように、多くの人が自分を守るために感情を鈍磨させ、自分の存在を消そうとしました。ただ、そのことは同時に心の崩壊という危険もはらんでいました。

絶望は死を早める

ある者は生き続け、ある者は死に至る。その違いを決定づけたのは、自分の未来を信じられるか否かだったとフランクルは語ります。

> 一つの未来を、彼自身の未来を信ずることのできなかった人間は収容所で滅亡して行った。未来を失うと共に彼はそのよりどころを失い、内的に崩壊し身体的にも心理的にも転落したのであった。
>
> （『夜と霧』）

その証拠に、クリスマスと新年には大量の死亡者が出ました。それは過酷な労働条件や悪化した栄養状態、悪天候や伝染疾患といったことだけでは説明できませんでした。

要因として考えられるのは「クリスマスには解放されるかもしれない」「新年には家に帰れるかもしれない」と素朴な希望を抱いていた人が多かったことです。そしてその希望が打ち砕かれたときに、彼らは生きる力を失いました。もし彼らが未来に向かって目標を持ち緊張し続けることができたなら、生命は保たれたかもしれません。しかしながら、そこで緊張の糸が切れてしまい、さらなる未来を思い描くことができなくなってしまったのです。

通常、心の持ちようと生物的な身体の反応とは切り離して考えられています。しかし、アウシュヴィッツでは強い希望を信念として持つ人間は生き残り、そうでない人間は亡くなっていきました。つまり人間の生命は、心が折れて希望がなくなると死期も早まってしまうということです。それはフランクルが自らの命をかけて行った実験の結果、導き出された答えでした。

彼の場合、希望は愛する妻の存在でした。そのときの彼には、収容所で離れ離れになった妻が生きているかどうかさえわかりませんでした。実際、解放されたあとになって妻が別の収容所に移送されて亡くなっていたことを知ります。しかし、収容所にいる間はいつかは妻に会えると信じて、妻の面影を思い浮かべ、彼女のまなざしや微笑みを感じることで彼は生きる希望をつないでいたのです。

人生の意味を問うのではなく、人生から問われていると考える

極限状況を生き抜くには、希望が必要である。そのことに異論はないでしょう。しかし、取り巻く状況が不条理であればあるほど、希望を持ち続けることは困難になります。

なぜ自分は収容所に入れられたのか。なぜこうも簡単に人が次々と殺されていくのか。悲惨な現実をいやというほど見せられ、何度となく希望を打ち砕かれるなかで、「人生には何も期待できない」と絶望するようになっていきます。自分には未来がないと思ってしまうわけです。するど、どんな慰めや励ましの言葉もその人の耳に届かなくなってしまいます。

そこでフランクルは、必要なのは問いを逆転させることではないかと考えます。つまり、人生に何を期待できるかではなく、人生が我々に何を期待しているかと考えるべきではない

か、というのです。

ここで必要なのは生命についての問いの観点変更なのである。(中略) 哲学的に誇張して言えば、ここではコペルニクス的転回が問題なのであると云えよう。すなわちわれわれが人生の意味を問うのではなくて、われわれ自身が問われたものとして体験されるのである。人生はわれわれに毎日毎時間問いを提出し、われわれはその問いに、詮索や口先ではなくて、正しい行為によって応答しなければならないのである。人生というのは結局、人生の意味の問題に正しく答えること、人生が各人に課する使命を果たすこと、日々の務めを行うことに対する責任を負うことに他ならないのである。

(『夜と霧』)

我々が人生の意味を問うのではなく、問われている。問われていると思えば、それに対して一生懸命に答えを出していかなければなりません。そうして日々答えを出し、使命を果たしていくことが人生なのです。問いに対して行動するということは、すなわち未来を見据えることにほかなりません。

フランクルは自殺願望をもらした二人の収容者に対してこの問いを投げかけ、自殺を踏み

とどまらせました。彼らに対し「人生はまだ君たちからあるものを期待しているのではないか」と問いかけたのです。それは言い換えれば「未来で彼らのことを待っているものがあるのではないか」ということです。

事実、一人は彼が愛してやまない子どもが外国で待っていました。そしてもう一人は未完のまま仕事が待っていました。科学者としてあるテーマの本のシリーズを書いていたのですが、それがまだ完結していなかったのです。そのことを思い出した二人は、生命を放棄することをやめました。未来を自分の未来だと信じる力が、今を生きる力になったのです。

いかに過酷な状況であっても未来を見据え、こういうふうになりたいという希望や目的を持ち、それに向かって進んでいくことで困難な現在を生き抜く力が湧いてくる。

逆に自分には未来に対して何の選択もできないと思ってしまうと絶望して、精神的に内部から崩壊していって死を早めてしまう。人は、現在だけではなかなか自分自身を支えきれないのです。

未来を信じ、希望を持つからこそ、人は生きていくことができる。『夜と霧』は、そのことを大変な説得力を持って教えてくれます。

希望が文化をつないできた

井上靖の作品に『天平《てんぴょう》の甍《いらか》』という歴史小説があります。状況は異なりますが、この本も希望の大切さを教えてくれます。

この小説は、天平時代に海を越えて唐に渡り、仏教を勉強して帰ってくる留学僧の話です。私は中学生のとき、この小説を学校の先生から薦められて読みました。そのときからずっと印象に残っている人物がいます。それは、業行《ぎょうごう》という日本僧です。

業行は三十年近くも唐にいて、誰にも会わず、膨大なお経をひたすら写していました。彼は自分の在唐の使命を写経に絞り込んでいたのです。いろんな人に会って勉強するのではなく、自分が写したお経を日本に届けることが最善だと信じていました。

いよいよ膨大な写経を日本へ持って帰る段になり、出発を前に業行が主人公の普照《ふしょう》に向かって次のように言う場面があります。

私の写したあの経典は日本の土を踏むと、自分で歩き出しますよ、私を棄ててどんどん方々へ歩いて行きますよ。多勢の僧侶があれを読み、あれを写し、あれを学ぶ。仏陀の心が、仏陀の教えが正しく弘《ひろ》まって行く。仏殿は建てられ、あらゆる行事は盛んになる。寺々の荘厳《しょうごん》は様式を変え、供物の置き方一つも違ってくる。

（『天平の甍』）

自分のやっていることはとても地味なことかもしれない。けれど、日本で仏教が発展するための種まきだということを業行は信じて疑いません。自分の死後も残るつなぎの仕事だと思い、日々お経を写すことに没頭し続けたのです。

残念ながら、業行の願いは叶いませんでした。暴風雨に見舞われ、業行を乗せた船は沈んでいきました。業行がもっとも恐れていたことが現実となってしまったのです。当時、唐を行き来することは命がけでした。たどり着くことはできても帰って来られなかった人も数多くいました。しかし、命を落とすかもしれないというリスクを冒してでも、業行は経典を日本に届けたかったのでした。そしてまた、業行の場合は叶いませんでしたが、それでも希望を捨てずに果敢にチャレンジする人たちが続くことで日本の仏教は発展してきました。

考えてみれば文化とは、自分が新たにつくり出すことはまずなく、何かを伝えていくことです。たとえば「般若心経」は、玄奘三蔵《げんじょうさんぞう》法師が漢訳したものと言われています。私たちが今も親しんでいるお経が、じつは『西遊記』のモデルとなった人物が訳した言葉だと思うと、非常に伝統を感じます。

「羯諦羯諦波羅羯諦《ぎゃていぎゃていはらぎゃてい》」という真言《しんごん》がありますが、これはもともとインドの言葉です。それに漢字を当てているので、こんなふうにおもしろい字面になっているのです。そうしてみんなが命がけでつないできたおかげで、「般若心経」が今の私たちの手元にあるのです。

『天平の甍』には、鑑真《がんじん》和上の話も出てきます。鑑真が日本に来るのにものすごく苦労したことはよく知られています。何度も航海に失敗し、その度重なる苦労によって視力も失います。そして六度目にようやく日本の地を踏むことができました。

唐招提寺に有名な鑑真和上像がありますが、あの像にはその不屈の精神がよく表れています。信仰心のない中学生でも、教科書に載っているあの像の写真を見ると、偉大な人物だと思うようです。それだけに、あの像の姿とともに鑑真のことをよく覚えている人は多いと思います。

いかなる困難が待ち受けていようとも、めげずに挑戦する。そのエネルギーは、自分の一歩が後世のためになるだろうという希望から生まれます。そしてその希望の力が今の私たちの文化を豊かに育んできたのです。

若き特攻兵たちの最後の言葉

極限状況というと、日本の場合は若くして散っていった特攻隊員たちのことが思い浮かびます。死に向かっていく彼らには、もちろん希望を持つことなど許されません。しかし彼らが遺した言葉を読むと、人はいかなるときも精神を保つことができるのだと教えてくれます。

神坂《こうさか》次郎の『今日われ生きてあり』は、特攻隊少年飛行兵が遺した手紙や日記、関係者の談話をもとに構成されています。そのなかに、大石清という人による幼い妹に宛てた遺書が収録されています。

なつかしい静《しい》ちゃん！
おわかれの時がきました。兄ちゃんはいよいよ出げきします。この手紙がとどくころは、沖なはの海に散つてゐます。思ひがけない父、母の死で、幼ない静ちゃんを一人のこしていくのは、とてもかなしいのですが、ゆるして下さい。兄ちゃんのかたみとして静ちやんの名であづけてゐたいうびん（郵便）通帳とハンコ、これは静ちゃんが女学校に上がるときにつかつて下さい。

（『今日われ生きてあり』）

このような書き出しから始まり、最後は「もうプロペラがまはつてゐます。さあ、出げきです。では兄ちゃんは征きます。泣くなよ静ちゃん。がんばれ！」と結ばれています。途中、時計と軍刀も送るから売ってお金に換えなさいとの記述もあります。それらを兄の形見として取っておくより、自分の人生のほうが大事だから、そのために使いなさいとも書いています。こうしてプロペラがまわっているぎりぎりの瞬間まで妹の将来を心配して飛び立っていったのです。

戦没学徒兵の手記を収めた『きけ　わだつみのこえ』を読んでも、自分のことより遺された家族を想う気持ちのほうが圧倒的に強いことが伝わってきます。最後の最後の言葉で、お父さん、お母さんに親孝行ができなくて申し訳ないといった内容の手紙がものすごく多いのです。その理由に、戦前の日本社会では今よりもずっと儒教の影響が強く、「孝」の考えが根づいていたと言うこともできるでしょう。

しかし、それにしても十代や二十代の若さで死に臨み、自分のことよりも親や妹のことを考え、前向きなメッセージを送るのは、並大抵の精神力ではできないでしょう。これらの言葉を「美しい」と言ってしまうと語弊があると思いますが、最期に自分以外の他者を思いやる文章には、非常に心を打つものがあります。

親を素直に思うけなげな子どもの心

戦争の悲惨さを伝える本に、『いしぶみ　広島二中一年生全滅の記録』という原爆の落ちた直後の広島の状況を記録したものがあります。学年全員が亡くなったのになぜ記録が残っているかというと、全員が即死したわけではないからです。被爆後も少し生きた子がいて、原爆に遭ったときの状況を家族に語っていました。それが記録として一冊にまとめられたのです。

そのなかに山下明治くんという子が登場します。彼は原爆から三日目の明け方にお母さんに看取られながら亡くなりました。亡くなる前、彼は弟や妹の一人ひとりに別れの言葉を伝えます。お母さんが「鹿児島のおじいさんになんと言いましょうか」と尋ねると、彼は「りっぱに」と答えます。立派に亡くなったとお伝えくださいということです。

そしていよいよ最期というときです。

死期がせまり、わたしも思わず、お母ちゃんも一緒に行くからね、と申しましたら、あとからでいいよ、と申しました。

そのときは無我夢中でしたが、あとから考えますと、なんとまあ、意味の深い言葉でしょうか。

お母ちゃんに会えたからいいよ、とも申しました。

（『いしぶみ 広島二中一年生全滅の記録』）

「あとからでいいよ」という言葉には、お母さんに対してだけでなく、弟や妹のことを気遣う気持ちが込められているのでしょう。この親子の会話を聞いていると、当時の中学生がいかに素直でまじめだったかがわかります。そして母親をはじめ家族に対する深い愛情が痛いほど伝わり、胸が締めつけられます。

また、寺の救護所に保護されてその日の夜に息を引き取った川島正彦くんは「同級生と、国歌をうたい、天皇陛下万歳のあと、お母ちゃん万歳といって死んでいった」と記されています。お母さんが駆けつけたときには、彼はすでにお骨になっていました。彼の話は「遺骨を引き取ったのが十五日の午前十時で、その二時間後に日本は負けて戦争が終わったのでした」というお母さんの言葉で締めくくられています。

子どもは、みんな親を信じています。大変な状況であっても親を信じて、親を気遣うものです。そのけなげさというのが伝わってきます。そしてこのような悲劇がなぜ起こってしまったのかと思わずにはいられないでしょう。

当時のアメリカ生活が描かれた映画を見ると、日本はアメリカと戦争してはダメだとわかってもよかったのではないかと思います。何もかも、物量が圧倒的に違います。

実際、日本はアメリカ本土を攻撃するには至っていません。ハワイの真珠湾は攻撃しましたが、それからあと例外を除けば大陸には行けていません。向こうから一方的にどんどん攻撃されるばかりで、とても勝ち目のある戦争にはなっていないのです。そのような状況を今振り返ってみると、アメリカと戦争するのはどんなことがあっても避けなければいけなかったのだと思います。

しかしながら、そこで戦争という誤った判断をした政治指導者たちがいたわけです。そして、一度始めたら勝つしかないという状況に国全体が追い込まれていきました。そのなかで中学生が「天皇陛下万歳、お母ちゃん万歳」と言って死んでいったのです。

戦前の軍国主義教育は間違っていたと言われますが、それはやはり指導者の問題だと思わざるを得ません。幼い彼らは国の運命に巻き込まれたのであって、最後まで彼らは品性を持った生き方をしたのだと思います。

最期の瞬間まで自制的であること

先の『きけ わだつみのこえ』を読むと、戦中の人々の考え方は決して一様ではなかったとわかります。国を称える言葉がある一方で、戦争へと突き進んでいった軍国主義を批判する声もあります。

冒頭に登場する特攻隊員の上原良司は、自由主義者でした。日本という国を愛しながらも、人から精神の自由を奪う国家に未来はないと断じています。

権力主義全体主義の国家は一時的に隆盛であろうとも、必ずや最後には敗《やぶ》れる事は明白な事実です。

（『きけ わだつみのこえ』上原良司「所感」）

この文章を書いた翌日、彼は沖縄嘉手納沖の米軍機動部隊に突入し、二十二歳の若さで戦死しました。

フィリピン方面へ向かって行方不明となった中村徳郎もまた、日本の姿を冷静に見つめていました。

私たちはともすれば井中の蛙になりやすい。安易な自己礼讃《らいさん》や自己満足に耽《ふけ》ってしかも自ら識《し》らないで得々《とくとく》としている場合がないでもない。（中略）広く眼を注がねばならぬ。私たちが真に誇りうるものは何であるか。誇るべきであるものは何か。またそもそも誇るとは何することであるか。私たちはよく省《かえりみ》なくてはならぬ。安っぽい感傷やブリキ細工のような独善を排しなければならない。

（『きけ わだつみのこえ』中村徳郎　五月十五日）

この訴えは、現代の私たちにとっても十分考えさせられる言葉でしょう。

このように一人ひとりの考え方はさまざまです。しかしどの文章にも共通しているのは、非常に自制的であることです。

自分が存在する意味、生きることの意味を自分なりに考え、自制心を持って日記や手紙の文章を書く。「どうせ死ぬんだから自分が言いたいことを言う」という自暴自棄的な態度は見受けられません。

最期の瞬間まで、他人に対する丁寧さを持って語ろうとしています。そこに、私は当時の人々の精神力の強さを感じずにはいられません。

日本が育んできた辞世の歌という文化

『きけ わだつみのこえ』には、B級戦犯として処刑された人物の言葉もあります。

木村久夫は、戦犯として死んでいくことを受け入れがたく感じながらも、その納得いかない気持ちを乗り越えて手紙を書いています。その手紙には、恨み言が書かれるでもなく、幼い頃をすごした川のある故郷の風景を懐かしみ、家族のことを思う言葉が綴られています。

そして最後には処刑前夜の作である辞世の歌が収録されています。

風も凪《な》ぎ雨もやみたりさわやかに朝日をあびて明日は出でまし
（『きけ わだつみのこえ』木村久夫）

風も雨もやんだ。さわやかな朝日を浴びながら明日は出ていこう――。静かな心持ちが伝わってくる歌です。しかし加古陽治著『真実の「わだつみ」学徒兵 木村久夫の二通の遺書』ではこのほかにもう一首、辞世の歌があったと指摘しています。それによると、最後の歌は「心なき風な吹きこそ沈みたる心の塵《ちり》の立つぞ悲しき」でした。

この二首を続けて読むと、潔く死に向かおうとする一方で、一抹の悲しさを噛みしめていたことがうかがえます。

辞世の句や歌を詠んでから亡くなるというのは、日本人が長く培ってきた「死の伝統文化」とも言うべきものでしょう。歌は、落ちついた精神状態でなければつくれません。ですから、死ぬ間際に歌をつくるということは、最後まで己の精神を保っていたということを意味しています。

辞世の歌ばかりを集めたその名も『辞世の歌』（松村雄二著、和歌文学会監修）という本があります。これを読むと、死に対するまなざしというのはじつにさまざまだと実感します。たとえば、昭和に活躍した歌人の中城ふみ子は次のように詠んでいます。

灯《ひ》を消してしのびやかに隣にくるものを快楽《けらく》の如くに今は狎《な》らしつ
（『辞世の歌』中城ふみ子）

乳ガンを患った彼女のもとには、嫌でも死の影が忍び寄ってきます。それを快楽のように飼い慣らすとは、独特の表現です。死の恐怖と格闘し続けた人ならではの死への向き合い方が表れています。

あるいは、『東海道中膝栗毛』で知られる江戸時代の戯作者、十返舎一九《じっぺんしゃいっく》はこんなふうに詠んでいます。

この世をばどりゃお暇《いとま》と線香の煙とともにはい左様《さよう》なら
（『辞世の歌』十返舎一九）

「はい左様なら」の「はい」は線香の「灰」にかけています。「どりゃお暇」といって線香の煙とともに、線香の灰ではないけれどさようならをする。さすがは十返舎一九、最後まで軽いと申しましょうか。ここまで徹底しているのはすばらしいとしか言いようがありません。

いよいよというとき「死にたいか」と言われれば、多くの人は「死にたくない」と答えるでしょう。「死にたくない」と思うのは、人として自然な気持ちだと思います。しかしこの歌を読むと、死というのは必ずしも重いものではなく、このように軽やかであってもいいのかもしれないと思わせてくれます。

ほかにもまだまだたくさん紹介したい歌はありますが、このくらいにしておきましょう。辞世の句や歌にはその人の死生観がよく表れています。ですから、ぜひこの本を手に取って、味わってみてほしいと思います。

ちなみに松尾芭蕉は、何回も辞世の句をつくっています。「これは辞世の句だ」と思ってつくっても、さらに生きてしまう。だからまたつくる。ベートーベンが何度も遺書を書いたように、辞世の句は何度つくってもいいのです。つまり辞世の歌や句をつくるということは、自分の死を見つめながら生きていくということなのです。

単に死を嫌がったり、怖がったりするのではなく、自分の死を見つめる。その冷静なまなざしが辞世の句や歌という文化を形づくってきたのです。

どんな状況でも品のある生き方はできる

世の中には、まだまだ大変な極限状況に置かれている人々がたくさんいます。

幼い少女が売春をしなければ、家族全員が明日を生きられないという状況が二十一世紀の今なお、存在しています。そのなかにはエイズになってしまった子どももいます。

黒柳徹子さんが著書『トットちゃんとトットちゃんたち』のなかで語った大変印象的なエピソードがあります。

インドを訪れ、コレラにかかってあと数日の命しかないという少年を見舞ったときのことです。黒柳さんが声をかけると、彼が何かを言いました。そこで通訳の人に何を言ったのか聞いたところ、「あなたのお幸せを祈っています」と祈りを捧げてくれたと教えてくれました。黒柳さんはその言葉に非常に感銘を受けたと言います。

亡くなる寸前の子どもが苦痛や不満をもらすのでなく、相手の幸せを考える。極限状況にあっても最後まで品格のある生き方を貫くことはできるのだと、彼の姿ははっきりと示しています。

現代の日本は比較的恵まれた社会です。内戦が起きているわけでもなく、人権も守られ、絶対的な貧困が国全体を覆っているわけではありません。比較的どころか、世界史上稀に見る物質的に繁栄した社会と言えます。そんな日本に生きていて、品性があまりないとなると恥ずかしいことになってしまいます。

同じ立場に置かれたら、はたして自分はどう行動するだろうか。極限状態に置かれた人たちの言葉にふれたとき、誰しもがそう問わずにはいられないでしょう。そしてその問いを持ち続けることは、少なからず私たちの生き方を変えることになるのではないかと思います。

第6章

遺された人々のために
西郷隆盛の『西郷南洲遺訓』ほか
～家訓に学ぶ現代にも通じる遺言の心得

ました。

「家訓」は家のＤＮＡ

かつて武家や商家では、先祖の教えを「家訓」として子孫に言葉で伝えることが多くありました。

家訓は、家に伝わる精神的なＤＮＡです。生命というのは一個の個体として存在し、死が訪れれば消滅します。子どもや孫がいれば、生物学的なＤＮＡは受け継がれます。一方、家訓は血のつながりにかぎらず、家という共同体を通じて受け継がれていくものです。

今の日本人は血のつながりをかつてよりも気にする傾向にあります。しかし、江戸時代や明治時代は血のつながりよりも、誰が家を継ぐのかが重要でした。

自分の子どもかどうかにこだわりすぎず、力のある者に家を継がせ、適任がいない場合はよそから迎え入れる。養子縁組は、今よりずっと頻繁に行われていました。そして実子でなくても、家訓という形で家のＤＮＡが伝えられていったのです。そこには、家の繁栄を第一とする考え方がありました。

最近では家のありかたがずいぶん変わりました。会社勤めの人が増え、家業を継ぐということが少なくなりました。先祖代々の家を離れて独立する人も多く、核家族化も進んでいます。そうしたなか、家族に何かを残すというと、土地や家、金銭などもっぱら財産の相続を意味するようになっています。

しかしながら、家族や子孫に残せるものは物質的なものだけではありません。精神的なものもまた後世に受け継ぐことができるものです。そのことをさまざまな家訓を通じて考えてみましょう。

苦難から生まれた「児孫に美田を買わず」

西郷隆盛の『西郷南洲《なんしゅう》遺訓』には、有名な「児孫に美田を買わず」という漢詩があります。『西郷南洲遺訓』は、西郷隆盛が残した言葉を旧庄内藩の藩士たちがまとめたものです。庄内藩といえば、もとは幕末の戊辰戦争で西郷の指揮する倒幕軍と戦って敗れた藩です。しかしその後、西郷の寛大な処置をきっかけに交流が始まり、西郷の遺訓集を刊行するに至りました。

「児孫に美田を買わず」のフレーズが出てくる漢詩は、一八七一（明治四）年につくられました。まずはその全文を読んでみましょう。

幾歴辛酸志始堅　　幾たびか辛酸《しんさん》を歴《へ》て　志《こころざし》　始めて堅《かた》し
丈夫玉砕愧甎全　　丈夫玉砕甎全《じょうふぎょくさいせんぜん》を愧《は》ず
一家遺事人知否　　一家の遺事《いじ》人知るや否や

不為児孫買美田　児孫《じそん》の為に美田《びでん》を買わず

（『西郷南洲遺訓』五）

何度も辛く苦しいことを経験して初めて、志は確固たるものになる。男子たるもの、潔《いさぎよ》く玉砕することを望み、志を曲げてまで生きることを恥とする。我が家の遺訓を人が知っているかどうかはわからないが、それは子や孫のために美田を買うなどということはしないというものだ――。

この詩には、苦難の連続だった西郷の人生が投影されています。西郷は死の危険に何度となく遭い、一度などは自ら死を決意して冬の海に身投げしたこともありました。

事件の発端は一八五八（安政五）年、幕政改革を求める尊王攘夷派や将軍継承問題で対立する一橋派に対する幕府の弾圧、いわゆる「安政の大獄」の始まりでした。西郷は、ともに尊王攘夷派として行動していた京都清水寺の僧侶・月照《げっしょう》の保護を頼まれ、薩摩に連れて帰ります。ちなみに月照は、藩主島津斉彬《なりあきら》が急死したとき、西郷が殉死しようとしたのを思いとどまらせた人物でもあります。

しかしながら斉彬のあと藩の実権を握った弟の久光は、幕府のお咎めを恐れて月照を日向《ひゅうが》に追放するよう西郷に命じます。日向送りとは、実際には国境で切り捨てることを意味していました。

月照を殺すわけにはいかない。そう思った西郷は、日向に向かう航海の途中、月照と抱き合い、冷たい錦江湾《きんこうわん》（鹿児島湾）に身を投じました。二人は付き添っていた藩士らに助けられますが、月照はそのまま息絶え、西郷は一命を取りとめます。この一件で西郷は、自分だけ助かってしまったという負い目を一生感じ続けることになりました。

さらにその後も苦難は続きました。この事件が幕府に知られてはいけないと、藩は西郷を死んだものとし、名前を菊池源吾と変えさせて奄美大島に送ります。島で三年をすごしたのち、西郷はふたたび薩摩藩に戻ってきますが、またも久光の命に背いて今度は沖永良部島《おきのえらぶ》に流されました。

このように少しその人生を追うだけでも、大変な紆余曲折を経験しています。自身がそうした苦労を乗り越えてきただけに、親からもらった立派な田畑を頼りに生きるという生き方をよしとはしなかったのです。

子に与えるべきは幸福をつかむための精神力

親から財産をもらうと、苦難によって玉が磨かれるということがありません。かといって、苦労せずにゆるゆると育つことが全面的に悪いかというと、そうとはかぎらないでしょう。

ゆるゆる育ったことがのびのびとした人格を形成し、むしろよい方向に働くこともあります。

現代の日本では、親が裕福で、私立の有名な幼稚園や小学校に通ってすくすくと育ち、そのままコネなどでラクにいい会社に就職して社会的に成功していく人をよく見かけます。そういう人たちに実際会ってみたら感じが悪いかというと、そんなことはありません。むしろ感じがいい人が多い印象があります。

彼らは摩擦をあまり経験してきていないので、人生のエネルギーロスが非常に少なく、世間ずれしていないとも言えます。一般の人は受験勉強を繰り返して何社も入社試験を受けて、へとへとになったすえにようやく会社に入ります。その間、彼らは遊んだり、見聞を広めたりしてきています。だからそのぶん、疲れておらず、のびやかで溌剌としていたりするのです。

しかし、辛酸をなめて苦労してきた人間だからこそわかる人の気持ち、育まれる器というのもあります。西郷は、常に人の気持ちを大事に考える人でした。西南戦争という勝ち目のない戦いをしたのも、そもそもは不満を持った武士たちの情に心を動かされたからです。そういう生き方をした人だからこそ、人々から絶大な人望を集めたのです。

自然薯《じねんじょ》は、岩のたくさんあるところをくぐり抜けて伸びたもののほうがゴツゴツしていて味が濃くておいしいと言われます。昨今は抵抗のないところに生えているものが多く、かつてほど粘りや風味の強いものは少ないそうです。人間もそれと同じで、苦難を乗り越えながら育ってきたほうが、骨太で味のある人物になるということでしょう。

しかしながら、親として少しでも子どもには苦労させたくないと考える人が多いのも事実です。なかには美田をいかに子孫に残すかが人生の目標になっている人がいます。一家の繁栄のためにその資産をどう受け継いでいこうかと考えることはある意味、人として自然な感情でおかしなことではないでしょう。

しかし、この家の資産をどう守るかばかり考えていては、本当に大切なことを見失ってしまう気がします。

本多静六《せいろく》という、現代日本の森林や公園を形づくったと言われる偉大な森林学者がいます。この人は投資の才能にも長けていて、巨額の富を築いたことでも知られています。しかしながら本多は、四人の子どもたちに多くの財産を残そうとはしませんでした。

まず、子どもたちには十分な教育を受けさせました。その後、家を一軒ずつ与えました。そして残りの財産はすべて学校、教育、公益の関係財団に寄付したのです。

教育はその人にとって一生の財産となります。そこに家があれば、もう十分一人でやっていけるだろうという考えです。

本多静六は『私の財産告白』という著書で、子どもの幸福について次のように書いています。

幸福は各自、自分自身の努力と修養によってかち得られ、感じられるもので、ただ教育とか財産さえ与えてやればそれで達成できるものではない。健康も大切、教育も大切、しかし、世間で最も大切だと早合点している財産だけは全く不用で、それよりもっと大切なのは、一生涯絶えざる、精進向上の気魄、努力奮闘の精進であって、これをその生活習慣の中に十分染み込ませることである。

（本多静六『私の財産告白』）

世間でもっとも大切だと思われている財産はまったく不必要だと言っています。それよりは向上心や努力精神を植えつけるほうが大事だということです。

自分の財産を惜しみなく公共に寄付したという本多の行動は、子どもたちの心に強い印象を残したはずです。これもまた親が残した精神的な遺産の一つと言えるでしょう。

親の遺産相続をめぐって兄弟間の争いが絶えない世の中にあって、本多の言葉には一考の価値があると思います。

自分の命を個としてとらえない

次に西郷隆盛から時代をさかのぼり、武士の家訓をみてみましょう。

鎌倉時代の武士、北条重時の家訓「六波羅殿御家訓《ろくはらどのごかくん》」は武家最古の家訓とされています。北条重時は、鎌倉幕府第二代執権・北条義時の三男で、六波羅探題北方、鎌倉幕府連署など幕府の要職を歴任した人物です。

「六波羅殿御家訓」には精神的な心構えから日常の立ち居振る舞いまでじつにさまざまな教えがあります。以前、私は家訓をテーマに『最強の家訓　仕事と人生に効く言葉』という本を書いたことがありますが、そのときも「六波羅殿御家訓」から何条か紹介しました。そのうちの一つが一番目に記されている次の家訓です。

万人ニ昵《むつ》ビ、能《よ》ク思ハレ、皆人ゴトニ漏《もら》サズ語《ことば》ヲカケ、貧《まずし》ゲナル者ニ哀《あわれ》ミヲナシ、妻子眷属《けんぞく》ニイタルマデ、常ニウチ咲《わらい》テ、怒レルスガタ見ユベカラズ。

（北条重時「六波羅殿御家訓」第一条）

万人と睦び、あらゆる人から好意をもたれるように、一人一人にもれなく言葉をかけ、貧しいような者には憐みの情をかけ、妻子身内の者に至るまで、常に笑顔で接して、怒った様子を見せてはならぬ。

鎌倉時代の武士というと、武骨で厳《いか》めしいイメージがあるので、「笑顔でいろ」というのは少々意外です。しかも貧しい者には憐みの情をかけ、妻子や身内に対しても怒った様子を見せないとは、かなり立派な人格者でいることを求めています。

こうした考えには、重時が政治の要職に就いており、さまざまな利害関係者を束ねる立場にあったことが大きく影響しています。ですからできるだけ敵をつくらない必要がありました。また当時の大きな武家には使用人や家来など家にはたくさんの人がいました。そうした複雑な人間関係のなかでリーダーシップを発揮するためには、常に笑顔で上機嫌でいることが大切だったのです。

ほかにも「怒りにまかせて行動してはいけない」(第四条)、「他人の悪口は言わないように」(第十五条)など今にも通用する精神的な心構えがたくさんあります。

かと思いきや、魚や鶏の食べ方やお酒の飲み方についても細かい指示を出しています。また、人前に出るときはよく鏡を見て身なりを整えなさいとか、若い人は年長者が着るような色や無地のものを着てはいけないなど、普段の身だしなみについてもかなりうるさく言っています。

(齋藤孝『最強の家訓　仕事と人生に効く言葉』)

武士というのは本来、精神性を重視する人々です。いざとなったら切腹できる覚悟がなければいけませんでした。ふつうの人間にはなかなかできないことですが、それを幼い頃から教えられて育つのが武士でした。

『葉隠』には、二十代だった山本常朝が介錯《かいしゃく》を務めた話が出てきます。親族のなかで無作法を犯した者が切腹することになり、介錯をした常朝は親族中から褒められました。介錯とはすなわち首を斬るということです。それができてようやく一人前だとお祝いをするわけですから、壮絶な大人のなり方だと思います。

しかしそのように精神を誇り高く保つ一方で、姿勢を正して身なりを整え、丁寧な言葉遣いをするといった細かなことに気遣う。今の一流ホテルの支配人ばりにマナーを大切にしています。それは、武士といえども奉公人であり、作法を守らなければいけない立場の人間だったからです。ですから、こうした細かい具体的なことも家を守るうえでは非常に重要なことでした。

武士の役職は世襲制で、家単位で俸禄をもらっていましたから、家の意識は一層強かったと思います。そのため、先代から受け継いだ精神や生き方、生活のルールをまた次の世代に伝えていくのは当然の役割でした。つまり、自分の命を個としてとらえるのではなく、連続していくものの一つだという考えのもと、家訓は次世代へと受け渡されていったのです。

ものです。

公益と家業発展を考えた商家の家訓

商家の家訓は、武家の家訓とはまた異なる視点から、私たちに生きる知恵を与えてくれるものです。

商家の家訓については、吉田實男さんという方が書いた『商家の家訓』という非常によくまとまっている本があります。江戸時代の近江商人や三井、鴻池など有名な商家の家訓が網羅され、読み応えのある一冊です。

近江商人とは、琵琶湖周辺の商人の総称です。その特徴は「行商」で、起源は鎌倉時代にまでさかのぼります。交通の要所である地の利を生かし、全国各地で近江の特産物を売り歩いていました。しかも近江商人が稀有な点は「鋸商《のこぎり》い」をしていたことです。鋸商いとは、自国でつくったものを他国で売り、それで得たお金で今度はその土地の特産物を仕入れて自国で売るという行きも帰りも無駄のない商売のことです。

近江商人といえば「三方よし」というフレーズが有名ですが、そのフレーズのもとになった考えが『商家の家訓』には紹介されています。一八九九（明治三十二）年に刊行された『近江商人』（井上政共著）という本に書かれていたもので、それは次のような言葉です。

他國へ行商スルモ總《すべ》テ我事ノミト思ハズ、其国一切ノ人ヲ大切ニシテ、私利ヲ貪《むさぼ》ルコト

勿《なか》レ、神佛ノコトハ常ニ忘レザル様ニ致スベシ

他国へ行商する場合に、自分のことだけを考えてはいけない。そこの土地のすべての人を大切にして、自分だけ利益を貪ってはならない。つまり、自分の利益だけを追求せずに、行く先の土地の人のことを大切に考えなさいということです。

この言葉には、じつは原典があります。もともと中村治兵衛という人物の「宗次郎幼主書置」という遺言状の中の一文です。近江商人を研究していた井上政共が一八九九（明治三十二）年に著した『近江商人』という本のなかで簡潔にまとめたのが先の言葉です。

中村治兵衛は江戸時代中期の近江商人で、父親から引き継いだ麻布商を営んでいました。自ら天秤棒を担いで行商に歩き、家業拡大の基礎を築いた苦労人です。治兵衛はいったん息子に家業を譲りましたが、不幸にもその息子は三十四歳の若さで亡くなってしまいました。そこで孫娘に婿養子を取らせて、家業を引き継がせました。そしてその婿養子、宋次郎がこの家訓を託した相手です。

この家訓が書かれたとき、治兵衛は七十歳、宋次郎はまだ十五歳。文面には幼い孫を思い、家の繁栄を願う治兵衛の気持ちがよく表れています。幸いなことに宋次郎は人柄がよく、治兵衛が残した家訓をよく守ってさらに家業を発展させました。

この家訓は中村家だけではなく、長く近江商人に受け継がれていきます。そして昭和の初めにわかりやすい標語として結実したのが「三方《さんぽう》よし」です。

「三方よし」とは、「売り手よし、買い手よし、世間よし」という意味です。

行商は、他国の領域内で行う商売です。行商人は土地の人間ではないので、出入り禁止になればそれで終わりです。一回かぎりでなく、次の年もまたその次の年もその土地で商売するのであれば、評判がよくないと受け入れてもらえません。そこで、その土地に貢献するような商売をすべし、という哲学が生まれたのです。土地の人々から歓迎されれば、長く商売を続けることができ、めぐりめぐって自分の利益にもなります。

ビジネスの世界ではよく「Ｗｉｎ‐Ｗｉｎ（ウィンウィン）」の関係が大事だと言われます。交渉する双方が利益を得ることを指しますが、近江商人はビジネスに直接関わる者だけでなく、「世間よし」というより大きな視野を持っていたことがわかります。

今でも大企業が地方に進出する際には、必ずその土地への社会貢献が問われます。地元の人を雇用したり、地域の資源を利用したりして、その土地の経済活性化につながるのであれば歓迎されるでしょう。逆に雇用も生み出さず、環境を破壊するだけとなると、嫌われてもしかたありません。「自分だけが儲かればいい」という商売をしていると、いずれはその企業のイメージダウンにつながっていきます。

行く先々の土地の人々にとっても利益があるようにする。近江商人たちは、広い意味での「公の利益」すなわち「公益」に近い形で商売のことを考えていたのです。

日本経済を発展させた渋沢栄一の言葉

バブル期は、自分だけ儲かれば世間のことはどうでもいいという考え方がはびこりました。人々が倫理観を欠いて投機に走った結果どうなったかというと、不良債権が大量に残り、バブルで儲けていない人まで痛手を負いました。

リーマン・ショックのときも同じです。アメリカの投資銀行の人たちは巨額の利益を上げるために、サブプライムローンを含むあやしげな金融商品を次々と売り出していきました。しかしそんな虚業が長く続くわけがありません。

その化けの皮が剥がれ、世界中が大きなダメージを被《こうむ》りました。しかし、当の経営者たちは多額の報酬を受け取っていながら、倒産してもそれを返却しませんでした。結局、事態の収拾に政府の公的資金が使われ、最終的には税を負担する国民にしわ寄せがいきました。

このように一部の人たちが利益追求に走れば、世間に対して多大な迷惑を与えかねないということです。その点、日本の昔の商人たちは道徳や倫理観を重んじ、それをまた家訓という形で子孫に伝えてきました。

渋沢栄一は幕末から明治にかけて活躍した日本を代表する実業家ですが、彼は「処世接物の綱領」「修身斉家の要旨」「子弟教育の方法」の三つに大別される全三十条の家訓を残しました。そのなかの「修身斉家の要旨」第四条に次のような言葉があります。

凡ソ業務ハ正経ノモノヲ撰ミテコレニ就クベシ、苟《いやしく》モ投機ノ業又ハ道徳上賤ムベキ務ニ従事スベカラス

（渋沢栄一「修身斉家の要旨」第四条）

「正経」とは、正しい道や行いを表します。投機や道徳上よろしくない仕事ではなく、正しい道に沿った職業を選んで従事しなさいということです。

渋沢栄一が書いた『論語と算盤《そろばん》』という有名な本がありますが、その命題は「論語（道徳）」と「算盤（経済活動）」は一致するかです。そのなかで渋沢は、企業として利益を追求しながらも、その根底には道徳が存在し、広く人々のためになることをしなければいけないという「道徳経済合一説」を唱えました。

かつて経済活動は道徳と相容れないとされ、士農工商のように諸業の中で卑しいものと見られていた時代がありました。しかし、これからの時代は経済が重要だと考えていた渋沢は、

自分は論語の精神を持って経済活動を行い、日本を繁栄して見せるのだと宣言し、それをみごと成し遂げました。「論語」の精神は、渋沢栄一という人を通過し、子孫のみならず多くの経済人へと受け継がれていきました。

渋沢の玄孫にあたる渋澤健さんが『渋沢栄一　100の訓言』という本を書いています。以前、健さんと対談する機会があり、そのとき彼が「渋沢は近代日本の資本主義をつくった人物とされるけれど、子孫にはそんなに大きな財産を残していないんです」と語られていました。そのかわり、銀行をはじめ百を超える企業をつくり、日本の経済発展の基礎を築きました。渋沢の人生は、まさに種をまいて育てた一生だったと言えるでしょう。

渋沢家だけではありません。現在のキッコーマンの創業家である茂木家の家訓には「人として守るべき道徳は元なり、財は末なり」(第一条)という言葉があります。道徳が第一であって、利益追求は最後だということです。

また、住友財閥を形成した住友家の家訓には「浮利に趨《はし》り軽進すべからず」(第十二条)という言葉があり、まともでないやり方で利益を得てはいけないと教えています。

このように日本では、私利私欲を戒め、道徳を守って生きなさいという精神がある時期までは家訓として残っていました。それがおそらく日本の経済発展にとっては非常にプラスに働いたのだと思います。

子孫へのメッセージとして書かれた自伝

商家の「浮利を追わない」といった道徳的な振る舞いは一見、企業の本来の目的である利益追求とは反対のことをしているように思います。しかし、人間の社会では自分勝手な人間は嫌われます。一方、他人を思いやる人間はまわりからも好かれ、物事がうまくいくということが起きます。

人間としての生き方の基本を徹底的に教えることは、長い目で見て、家の大きな利益になります。そうして共存共栄していくことが末永い発展につながるのです。

こうした考え方は、武士道をはじめ精神面を重視する日本ならではのように思われるかもしれませんが、じつは西洋にも似た考えがあります。

アメリカの独立に大きな役割を果たしたベンジャミン・フランクリンは、日本の渋沢栄一に共通するところがあります。

フランクリンは、もともとロンドンで働いている植字工でした。そこから印刷業、新聞、出版へと事業を広げていき、やがて公共事業にも乗り出すようになりました。彼は政治家であったばかりでなく、雷の正体が電気であるということを証明した科学者でもありました。その幅広い活動の一端は、自身の半生を綴った『フランクリン自伝』で読むことができます。この自伝は経済人のバイブルと評されていますが、その根底にあるのは「公共心を持って生きること」です。

以前『筋を通せば道は開ける　フランクリンに学ぶ人生の習慣』という本を書いたことがありますが、この自伝で興味深いのは「十三徳」のくだりです。二十五歳の時、彼は自分に役立つ「徳」を十三選び出し、日々の生活を通じて身につけようと試みました。そのために実践できたかどうかをチェックするチェックノートのようなものもつくっています。

十三徳は「節制」から始まり、「沈黙」「規律」「決断」「節約」「勤勉」「誠実」「正義」「中庸」「清潔」「平静」「純潔」「謙譲」と続きます。日本人の私たちから見ても納得のいく項目ばかりです。

自伝を読むと、当時アメリカに住みついたプロテスタントの人たちがいかにまじめであったかがわかります。そして、そのまじめな精神が資本主義の発展にプラスになったことを実感します。

マックス・ウェーバーは『プロテスタンティズムの倫理と資本主義の精神』のなかで、なぜキリスト教の国、とりわけプロテスタントの国で資本主義が発展したかと問いました。そして分析の結果、プロテスタントは無駄を嫌って禁欲し、浪費をしないことが資本の蓄積に役立ったのだと結論づけました。

プロテスタントの人たちは、職業を神から与えられた使命であるととらえます。自分の職業は神から与えられた天職（ベルーフ）だと考えれば、まじめに働きます。そのうえ無駄遣いもしてはいけないとなると、どんどん資本が貯まります。つまり、単純化して言えば、浪費せずにまじめに働いた結果、大変なお金持ちになったということです。

そのようなまじめな人たちが自分たちで消防団や図書館などの公共機関をつくり、町を形づくっていきました。そうしたなか、フランクリンの生き方はモデルになっていったのです。ただ、フランクリンはこの自伝を人に読ませようと思って書いたものではありませんでした。アメリカの建国当初の話なので、人生がスペクタクルに満ちていて読みものとしても大変おもしろい内容なのですが、もとはといえば彼の息子とその子孫に宛てたものでした。

自分がどんなふうに勉強し、節制し、身を立てていったのか。それを子孫に言い残すことが本来の目的でした。しかしそのことがかえってよかったのかもしれません。特定の相手にこれだけは伝えたいという思いに満ちた言葉だったからこそ、より多くの人々を魅了することになったのではないかと思うからです。

親が姿で示し、子が言葉で記し伝える

家訓とは少し違いますが、芸能などの伝統文化の世界では次の世代に技を引き継ぐためにしばしば秘蔵の書が記されてきました。たとえば世阿弥は子孫に残すものとして『風姿花伝《ふうしかでん》』

や『花鏡《かきょう》』を書きました。

『風姿花伝』は世阿弥が書いたものですが、実際に読んでみると亡き父、観阿弥の教えを世阿弥がまとめたものだということがわかります。世代を超えて受け継ぐものという点では、家訓に近い性質を持った書と言えるでしょう。

世阿弥が生きた時代は、まだ能は完成されたものではありませんでした。さまざまな流派があり、将軍や貴族など身分の高い人たちに気に入られないと食べていけない大変な状況にありました。数あるライバルがいるなか、お客に飽きられないためにはいつもおもしろいもの、珍しいものを見せていかなければなりません。

そうしたなかで、家が廃《すた》れずに繁栄していくためにはどうすればいいかを考えて書かれたのが『風姿花伝』という能楽論でした。

ですから『風姿花伝』は芸術書であるとともに、芸の神髄を受け渡し、家を存続させるための書でもあります。そのため世阿弥は家を継ぐ者一人にしかこの書を見せず、「口外しては絶対にならぬ」と念を押しています。

そんな門外不出の秘伝書が今は日本の知的共有財産として出版され、多くの人が読めるようになっています。その恩恵を感じつつ、『風姿花伝』のなかから観客に珍しさを感じさせる能の「花」という概念を説く「花傳第七別紙口傳」から有名な一節を読んでみましょう。

秘する花を知る事。秘すれば花なり、秘せずば花なるべからず、となり。この分け目を知る事、肝要の花なり。

（『風姿花伝』花傳第七別紙口傳）

秘めておくことが大切だと知ること。秘めておくからこそ花になる。手の内をさらけ出したら花には見えない。この分かれ目を知ることが花についての重要なポイントなのだと語っています。

では「花」とは何を意味するのでしょうか。別の箇所に「花と面白きとめづらしきと、これ三つは同じ心なり」という一文がありますから、花とは人を魅了するおもしろいこと、珍しいことを指していることがわかります。

今の私たちが能を見ると「おおっ」と驚くというより、テンポがゆっくりしていて人によっては退屈するかもしれません。しかし当時としてはいろんな工夫を凝らして、珍しいものを見せていたということです。

花には「時分《じぶん》の花」があって、少年の頃には少年の頃の、若い頃には若い頃のそれぞれの美しさがあると世阿弥は説きます。そして、年老いて枝葉も少なくなった木に咲く「老木《おいき》の花」こそが究極の花であると言います。

観阿弥が亡くなる直前、駿河の浅間神社で奉納の能を舞いました。その円熟したはなやかな舞は、まるで老いた木に花が咲いたようだったと言います。観客一同は身分の上下なく、褒め称えました。それは青年だった世阿弥の心にも非常に深い印象を残しました。それは三十六、七歳になって『風姿花伝』を書いたときの世阿弥の筆致からも伝わってきます。

言葉ではなく体で表現し、それを死ぬまで貫く。最後の老木の花を見せた姿自体が、いわば観阿弥の遺訓だったと言えます。そしてその観阿弥の精神を受け継ぎ、世阿弥は能を大成させたのです。

身体の「型」で精神のＤＮＡを伝える

五十三歳の若さで亡くなった天才能役者、観世寿夫さんの『心より心に伝ふる花』を読むと、観阿弥が伝えたことを一子相伝で世阿弥が伝え、後世の観世さんをはじめいろんな役者さんが確実に守っていっていることを感じます。

世阿弥が確立した「夢幻能《むげん》」というスタイルがあります。生きている人間のみが登場する「現在能」に対し、「夢幻能」は霊的な存在が主人公になります。

「夢幻能」の典型は、旅の僧がいて、そこに女の亡霊が現れていろいろ語るというもの。その女はこの世に名残があって、誰かに怨念を聞いてもらいたい。僧に向かって胸の内を話すうち、次第に女は感情をほとばしらせていき、最後は地団駄を踏むようにばんばんと激しく踊る。そして、最後は魂が鎮められるという展開です。

死生観という点からも非常に興味深いものがありますが、昔は強い後悔や恨みなどがある場合、死して「この世に思いが残る」と考えられていて、誰かに聞いてもらって癒す必要がありました。それを仏教では魂を成仏させる、神道では鎮魂するなどと言います。そうして生者の世界にあまり死者の影響を残さないようにうまく送り出すわけです。

能の世界は、生きている世界と死後の世界が交わるような構造があり、死者の思いを浄化して返す働きがあります。

能を観ていると、この世のものではない雰囲気が出ることがあると思います。歩む足の運びからして、すり足ですすっといつのまにか移動しています。ふつうの人が用を足すときの歩みとはまったく違います。

先の『心より心に伝ふる花』では、身体をぶらさずに息をしているかどうかも悟られないようにせよと書かれていますが、非常に高度な身体の訓練を重ねているからこそ舞台に緊張感が生まれ、夢幻の世界を繰り広げることができるのです。

このような表現をするためには、子どもの頃に思いっきり声を出し、身体を鍛えていくことが大切です。その鍛練の方法はさかのぼれば、観阿弥が教え、世阿弥が書いたことにたどり着きます。そう考えると、精神のＤＮＡは言葉で伝える方法以外に、もう一つ、身体の型で伝える方法があるということでしょう。型のなかには、習慣や身体の訓練といったものも含まれると思います。

職人の技は、言葉よりもむしろ型で伝承されるものです。老舗にはこういう手順でやりなさい、こういうやり方は変えるなと言われ続け、百年、二百年と同じ製法でつくっているところが多くあります。そういうのも一つの型です。

精神のＤＮＡを残すといったとき、「言葉」と「型」の二つのやり方があります。そして、能の場合はその両方を大切にしてきたのだと思います。

自分はどんな言葉を残せるか、を考えてみる

『風姿花伝』の世界を現代の私たちが堪能できるように、あるいは孔子が死んで二五〇〇年経っていても今も変わらず『論語』が読み継がれているように、精神というものはぶれません。

心と精神は混同されやすいですが、心は一人ひとりが持っているもので天気のように移り変わりやすいのが特徴です。一方、精神はぶれないために人々のあいだで共有していきやす

いものです。

リチャード・ドーキンスは『利己的な遺伝子』のなかで、生物はＤＮＡの乗りもののようなものだといったことを書きました。要するにＤＮＡを伝えていくことは生物にとって第一のミッションであるということです。カマキリを見ても、生命をつないで自分は死んでいきます。そう考えると、精神のＤＮＡを伝えていくこともまた私たち人間のミッションの一つだととらえられます。

自分が生きた証を子どもや家を継ぐ者に伝えておきたいと思うのは自然なことです。しかし、伝える相手は単に家の者だけでなくてもかまいません。文化にもＤＮＡ的なものがあり、「ミーム」と名づけられています。また会社にもＤＮＡがあります。どんなＤＮＡを誰に伝えていくかは一人ひとり違っていていいと思います。

また、伝え方も言葉なのか習慣なのか、あるいは型なのか、残すものによって異なってくるでしょう。

伝える時期についても、何も死ぬ間際に限定する必要はないと思います。常日頃から、口癖のように伝えていけばいいでしょう。

そのとき、家訓のように短い文言で標語にしておくとよいと思います。「児孫のために美田を買わず」というフレーズを覚えている人がなぜ多いかといえば、非常にシンプルで伝わりやすい標語になっているからです。

私が学生たちによく言う言葉に「ミッション、パッション、ハイテンション」というものがあります。これは、楽しい人生を送るコツを伝えるために考えた言葉です。

使命感（ミッション）を感じ、情熱（パッション）をもって、上機嫌（ハイテンション）で生きなさい、という意味です。単なるメッセージだと忘れられてしまうので、覚えやすいスローガンにしたわけです。

家訓があまり聞かれなくなった背景には、親や経営者など年長者が自らの経験を短い言葉として端的に残すことが少なくなったことも大きく影響していると思います。それは少しもったいないことだと思います。

伝えたいことを短い言葉に凝縮させることは、自分にとって本当に大切なことかは何かを思いめぐらすいい機会です。先人たちの家訓に学びつつ、自分はどんな言葉を残せるだろうかとちょっと考えてみてはいかがでしょうか。

第7章

死者の魂に思いを馳せる
最古の文学『古事記』から宮沢賢治の『銀河鉄道の夜』まで
～文学作品から読み解く霊的な旅

死の「わからなさ」と向き合うために

以前、テレビの収録で所ジョージさんと一緒になったとき、所さんが「あんまり先のことを考えるやつは俺はバカだと思うよ」と言っていました。所さんらしいと思うと同時に、たしかにすごい先のことを思いわずらう人というのはあまり利口じゃないと思った記憶があります。

先を読んで人生設計を考えるなどは基本的にはいいことだと思いますが、実際にはわからない面も多くあります。その予測不可能なことの筆頭に挙げられるのが、いつどのように自分が死を迎えるかということでしょう。

昨今、「終活」などと呼ばれて葬儀やお墓のことなどがしきりに話題になっています。その背景には、昔のように人々が共通した死生観を持っていないことが影響しているように思います。

かつて村ごとに行われてきた葬送儀礼はある意味、死の「わからなさ」を納得させるために昔の人々が生み出したものだったと思います。そうした風習が失われた今、私たちは一人ひとりが「わからなさ」と向き合わなければいけなくなっていると言えるでしょう。そこで最後の章では、昔の人々がどのように死者と交流してきたかということを通して、死への向き合い方を考えてみたいと思います。

まずご紹介したいのは、日本最古の歴史書である『古事記』です。『古事記』には、イザナギが亡き妻、イザナミに会いに黄泉《よみ》の国に行く話があります。

イザナギが黄泉の国と続く黄泉比良坂《よもつひらさか》を下って行くと、この世とあの世を隔てる石の扉が現れました。そこでイザナギは、扉の向こうにいるイザナミに「どうか帰ってきておくれ」と話しかけます。

しかし、イザナミはすでに黄泉の国のものを食べてしまい、黄泉の国の住人になっていました。それでも諦めずに熱心に懇願するイザナギ。その熱意に動かされ、イザナミは黄泉の国の神に相談してみるから、「そのあいだは決して私の姿を見ないように」と言います。

けれど、待てどもなかなか返事は来ない。しびれを切らしたイザナギは扉を開けてイザナミに会いに行きました。そしてイザナギが目にしたのは、恐ろしい雷神がまとわりつき、うじ虫が湧いている変わり果てた妻の姿でした。

その姿を見て怖くなったイザナギは、必死になって逃げ帰ります。途中、「恥をかかされた」と言って追っかけてきたイザナミにいろいろものを投げつけてなんとか逃げ切るという、あまり後味がいいとは言えない話です。

この話の教えは、死後の国というのは怖いところで、この世界とあちらの世界とをつなげてはいけないということだと思います。もし足を踏み入れてしまったら「怖い目に遭うよ」

ということでしょう。

お葬式に行ったあとに玄関口で塩を撒いて禊《みそぎ》をするように、生きている人間にとっては「死」は一種の穢《けが》れなのです。

配偶者が亡くなってもすぐにはその不在を信じられないでしょう。まだ生きているような気がして黄泉の国まで行って会いたいと思う気持ちもあるかもしれません。しかし、そこはやっぱり住む世界が違うのです。

会いたくてしかたなくても別れなくてはいけない。そのことを古事記の話は象徴的に語っているのだと思います。

お盆は死の世界と生の世界を整理するもの

死者と交信するということでは、ラフカディオ・ハーンが『日本の面影』のなかで「盆踊り」について書いた文章を思い出します。

ラフカディオ・ハーンは松江に英語教師として赴任する途中、立ち寄った鳥取県の上市《うわいち》（現在は西伯郡大山町）で初めて盆踊りを見ます。ハーンは「筆舌に尽くしがたい、想像を絶した、何か夢幻の世界にいるような踊りであった」といたく感動し、盆踊りの様子を細かく描写しています。

空を巡る月の下、踊りの輪の真ん中に立っている私は、魔法の輪のなかにいるような錯覚を覚えていた。（中略）幽霊のような手の振り、リズミカルな足の動き、なかでも、美しい袖の軽やかなはためきに、私はすっかり魅了されてしまっていた。

（『日本の面影』「盆踊り」池田雅之訳）

ゆらゆらと揺れ動くしなやかな手に、ハーンはとりわけ神秘的なものを感じています。みんなの踊る姿がまるで天と交信しているかのように見えたのだと思います。

あらためて言うまでもないかもしれませんが、お盆は先祖や亡くなった人の霊を迎えて供養する行事です。そこで踊る「盆踊り」は死者の魂を招き入れてまた返す役目があります。

一年に一度、決まった時期に死者が戻ってきて、生者と交流をしてまた帰っていく。お互いの住む場所は一緒ではないということです。

民俗学者の柳田國男は、信仰の源を山に見ていると言いました。山に囲まれた日本では、山の向こうに死者がいると考える地域が多かったのです。これが海に近い場所だと海の向こうになるわけですが、とにかく自然によって隔てられた場所にいると考えられてきました。

断絶しているわけでもなく、ずっと一緒にいるわけでもない。そのぐらいの距離感がちょ

うどいいように思います。地縛霊のようにあちこちにいて、生きている人間に終始影響を与えるというのでは困るでしょう。死んだ人にずっと縛られて生きるというのも健全なことではないと思います。そうしたことを昔の人はちゃんとわかって、生の世界と死の世界をお盆などの儀礼によって上手に整理していたのだと思います。

生と死は地続きであると考えてきた日本人

幕末から明治にかけて日本を訪れた欧米人の書簡や手記をもとに当時の日本を描いた『逝《ゆ》きし世の面影』（渡辺京二著）という本があります。そのなかに、カッティンディーケというオランダ海軍軍人が書いたお葬式の描写が引用されています。幕末に来日したカッティンディーケは、長崎海軍伝習所で航海術を教え、『長崎海軍伝習所の日々』を記しました。その回想録のなかから引用された文章です。

日本人の死を恐れないことは格別である。むろん日本人とても、その近親の死に対して悲しまないというようなことはないが、現世からあの世に移ることは、ごく平気に考えているようだ。

（『逝きし世の面影』第十二章）

この世からあの世に移ることを特別なこととは考えず、あたかも地続きのようにとらえている。そうカッティンディーケは感じました。また、たびたび目にしたお葬式が意外とはなやかで「あたかもお祭り騒ぎのように戯れていた」ことも驚きでした。そして「いつまでも悲しんではいられないというのは日本人のきわだった特質の一つです。生きていることを喜びあおうという風潮が強いせいでしょう」と考察しています。

さらに彼は、日本人は火事や天災さえも茶化してしまうと記しています。そのように感じたのは彼一人だけではなく、『逝きし世の面影』を読むと、ほか何人もの外国人が火事のときの日本人を「楽しそうにしている」「陽気さを保っている」などと驚きを持って見ていたことがわかります。

たしかに大変なことがあってもすぐ立ち直るのは日本人の特性かもしれません。敗戦後の日本を振り返っても、立ち直りがだいぶ早かったような気がします。日本では昔から天災が多かっただけに、壊れたらさっさと建て直して次に進むところがあるのかもしれません。

亡くなった人たちに対してももちろん愛情がないわけではないのですが、死をことさら重く考えることもしない。

それはこの世とあの世が極端に違う世界ではなく、どこかがつながっているという感覚があったからでしょう。ですから生き残った者もあまり深刻にならずに前を向けたのだと思います。そして、そんな姿が外国人にはとても珍しく見えたのでした。

この世からあの世へ意外とあっけなく、ひょいと渡っていく。今日の私たちにはあまりない感覚だと言えます。

でも、死が迫ってもいないのに死のことばかりを思いわずらってため息をつくよりはよっぽどさっぱりとしていいます。そのぐらい飄々と「死」をとらえるのも軽やかでいいなと思うのは、きっと私だけではないでしょう。

「死」に新たなイメージをもたらした『銀河鉄道の夜』

宮沢賢治の『銀河鉄道の夜』は、彼の死生観が強く反映された幻想的な物語です。「生」と「死」が地続きであるという日本の伝統的な考え方を引き継ぎながら、「死」と「列車」を結びつけたところが非常に独創的だと思います。

孤独な少年ジョバンニはある夜、一人で星空を眺めていました。すると「銀河ステーション、銀河ステーション」という不思議な声がしたかと思うと、あたりはまぶしい光に包まれます。気がつくと、同級生のカンパネルラとともに列車に乗っていました。こうしていろんな星を巡る「銀河鉄道」の旅が始まります。

この列車はじつは、死の列車です。列車に乗っている人は死者で、いろんな停車場で下りて星になるというイメージが暗示されています。ジョバンニとカンパネルラはさまざまな思いを抱えた人たちと交流しながら旅を続けていきます。

そして最後、カンパネルラはいつのまにか消えてしまいますが、ジョバンニはふたたび現実の世界に戻ってきました。

銀河を走る鉄道があって、そこに乗っていくというイメージは、日本人の死生観に新しいイメージを付け加えたと思います。もともと日本には人が死んで星になるというイメージはあまりありませんでした。先ほど述べたように山をはじめとしてもう少し身近なところで済ませていたのです。そうしたところへ、賢治は「銀河鉄道」という壮大なイメージのなかで死者を悼む旅を繰り広げました。

賢治はなぜこのような物語を書いたのでしょうか。

背景には、最愛の妹トシの死がありました。賢治には四人の弟妹がいましたが、トシは二歳違いのすぐ下の妹でした。彼女を追悼する詩「無声慟哭《むせいどうこく》」のなかに「信仰を一つにするたったひとりのみちづれ」とあるように、賢治にとってトシは特別な存在でした。

日本女子大学校在学中から病弱であったトシは、卒業後しばらくしてまたも病臥の身となります。賢治は病気の知らせを受けて、故郷の花巻に戻ります。しかし看病の甲斐なく、トシは二十四歳の若さで亡くなりました。

『銀河鉄道の夜』は、トシの死後に書かれています。もちろん作品の登場人物は実在の人間とイコールではありませんが、ジョバンニは生きている賢治であり、カンパネルラは死んでしまったトシであるという読み方もできます。そして銀河を行く列車の旅の物語には、その死の経験が凝縮されていたのです。

身近な人間の死が教えてくれること

賢治の有名な詩に、「永訣の朝」というトシの死を悼んで書きあげたものがあります。肉親の死をテーマにした詩としては、高村光太郎の「レモン哀歌」とともに大変よく知られています。

「レモン哀歌」では、妻の智恵子が一瞬正気を取り戻したときにレモンをがりりと噛む姿を描写しています。「永訣の朝」も、トシが「雨雪を取ってきてください（あめゆじゅとてちてけんじゃ）」と賢治に頼む場面があり、大変深い心の交流のある最期の様子が描かれています。

永訣の朝

けふのうちに
とほくへいってしまふわたくしのいもうとよ
みぞれがふっておもてはへんにあかるいのだ
（あめゆじゅとてちてけんじゃ）
うすあかくいっさう陰惨《いんさん》な雲から
みぞれはびちょびちょふってくる
（あめゆじゅとてちてけんじゃ）
青い蓴菜《じゅんさい》のもやうのついた
これらふたつのかけた陶椀《たうわん》に
おまへがたべるあめゆきをとらうとして
わたくしはまがったてっぽうだまのやうに
このくらいみぞれのなかに飛びだした
（あめゆじゅとてちてけんじゃ）
蒼鉛《さうえん》いろの暗い雲から
みぞれはびちょびちょ沈んでくる
ああとし子

死ぬといふいまごろになって
わたくしをいっしゃうあかるくするために
こんなさっぱりした雪のひとわんを
おまへはわたくしにたのんだのだ
ありがたうわたくしのけなげないもうとよ
わたくしもまっすぐにすすんでいくから
（あめゆじゅとてちてけんじゃ）

賢治は「妹は苦しむ最期のときに、私のためにわざと頼みごとをしてくれたんだ」と考えます。そして、真っ白な雪で自分の人生を明るくしてくれてありがとう、私もまっすぐに進んでいくからと前向きな言葉を綴っています。

妹の死を見つめたことで、賢治は自分の死に対しても冷静に見るようになりました。

その冷静なまなざしを感じるのは、第4章でも紹介した「疾中」という詩群のなかの「眼にて云ふ」という詩です。この詩は自分が病気になったときのことを綴っているのですが、不思議な感覚に包まれていて、私のすごく好きな詩の一つです。少し長いですが、全文を引用してみましょう。

眼にて云ふ

だめでせう
とまりませんな
がぶがぶ湧いてゐるですからな
ゆふべからねむらず血も出つづけなもんですから
そこらは青くしんしんとして
どうも間もなく死にさうです
けれどもなんといゝ風でせう
もう清明が近いので
あんなに青ぞらからもりあがって湧くやうに
きれいな風が来るですな
もみぢの嫩芽《わかめ》と毛のやうな花に
秋草のやうな波をたて
焼痕のある藺草《いぐさ》のむしろも青いです

あなたは医学会のお帰りか何かは知りませんが
黒いフロックコートを召して
こんなに本気にいろいろ手あてもしていたゞけば
これで死んでもまづは文句もありません
血がでてゐるにかゝはらず
こんなにのんきで苦しくないのは
魂魄《こんぱく》なかばからだをはなれたのですかな
たゞどうも血のために
それを云へないがひどいです
あなたの方からみたらずゐぶんさんたんたるけしきでせうが
わたくしから見えるのは
やっぱりきれいな青ぞらと
すきとほった風ばかりです。

（『心象スケッチ　春と修羅』「疾中」より）

病気で血が出っ放しにもかかわらず、「いい風が吹いている」とか「青空がきれいだ」などと言ってのんきにしています。「のんきで苦しくない」のは魂がもう半分身体から「はなれたのですかな」とまるで他人事です。

自らの死を客観的に眺め渡せる精神のありかたとでも言いましょうか。非常に印象に残る詩だと思います。賢治は身近な人間の死を経験したことで、自分の死に対しても離れてみることができるようになったのでした。

死者の魂を追いかける賢治の霊的な旅

賢治はトシを亡くしたあと、花巻を立ち、北海道を経由してサハリン（樺太）へ向かう一人旅をします。一緒に銀河鉄道に乗って旅をするわけではありませんが、死者の魂を探して北の果てへ向かったのです。

その旅をもとにつくられたのが「青森挽歌」「オホーツク挽歌」「樺太鉄道」などを含む一連の詩群です。ぜひ全篇通して味わってみてほしいと思いますが、ここではその一部を読んでみましょう。

あいつはこんなさびしい停車場を
たつたひとりで通つていつたらうか

どこへ行くともわからないその方向を
どの種類の世界へはひるともしれないそのみちを
たつたひとりでさびしくあるいて行つたらうか

（『心象スケッチ　春と修羅』「オホーツク挽歌」より「青森挽歌」）

北国のうらさびしい停車場に佇《たたず》みながら、死んだ妹もこのようなさびしいところを通っていったのだろうかと想像します。自らの旅にこの世からあの世への旅路を重ね合わせていることがうかがえます。

賢治にとってサハリンへの旅は、トシの魂の行方を追う霊的な旅だったと言えます。

とし子はみんなが死ぬとなづける
そのやりかたを通つて行き
それからさきどこへ行つたかわからない
それはおれたちの空間の方向ではかられない
感ぜられない方向を感じようとするときは
たれだつてみんなぐるぐるする

（前同）

「死ぬ」というやり方を通って、とし子はどこかへ行ったんだと賢治は言います。このように賢治は、詩のなかで妹はどこへ行ったのか、死ぬとはどういうことかを執拗《しつよう》に問い続けています。その切実な言葉からは、妹の不在をどうしても受け入れられない賢治の悲痛な思いが伝わってきます。

しかし途中、心の悪魔との会話のようなものを挟みながら、最後には「あいつがなくなってからあとのよるひる／わたくしはただの一どたりと／あいつだけがいいとこに行けばいいと／さういのりはしなかつたとおもひます」と、広く人々の死に、思いを馳せて結んでいます。旅を通じ、賢治の心は次第に妹の魂を必死に探そうとする気持ちから、広く人々の冥福を祈る気持ちへと変化していったのでした。

先人たちの魂の旅路をたどる

死は一切の終わりではなく、肉体は消えても魂はどこかを旅して流れている。これまで見てきたように日本人の死生観には、「死＝旅」のイメージがあります。

仏式の葬儀では、三途《さんず》の川を渡るための旅支度をします。私の父が亡くなったときも、お棺のなかに草鞋や杖、三途の川を渡るための渡し賃である六文銭などいろいろなものを入れた記憶があります。

この世とあの世を隔てる三途の川を渡って向こう岸に行く。そこがすべての終わりではなく、この世ではないどこかへ行くのだという旅のイメージは、遺された者の悲しみをやわらげ、軟着陸させてくれるものだと思います。

旅はかつて、実際に死の危険をともなうものでした。「人生は旅だ」などとよく言われますが、交通手段が徒歩しかなかったような昔の旅は文字通り、よりリアルに生死を意識させるものだったのです。

平安後期の歌人、西行《さいぎょう》は仏道に励み、和歌を詠むかたわら、諸国を遍歴して歩きました。西行にとって、旅のひとときは自分の人生を見つめる時間でもありました。

たとえば、新古今集に収められている「年たけてまたこゆべしと思ひきや命なりけり小夜《さよ》の中山」という歌があります。「年老いて、この山を再び越えられるだろうと思っただろうか」と、若い頃に旅した小夜の中山峠をふたたび歩きながら自問自答し、「それができたのも命があったからだなあ」と感慨をもらしています。小夜の中山峠は、現在の静岡県掛川市佐夜《さよ》鹿《しか》にある峠で、昔から東海道の難所として知られていました。

ほかに旅をしながら創作した人物といえば、すぐに思い浮かぶのは松尾芭蕉《ばしょう》です。芭蕉は

「奥の細道」で西行の足跡をたどるということもしています。西行の歩いた道を同じように踏みしめながら、西行の人生を思い、また自らの生死にも思いを馳せたことでしょう。

生のなかに死を含みつつ、この世界を深く味わって生きる——。そんな成熟した生き方を先人の足跡から学ぶ。先人の言葉を読むということは、すなわち私たちの人生の旅を豊かにしてくれることにほかならないのです。

〈本書で紹介している主な古典・書籍〉

『留魂録』吉田松陰
『葉隠』山本常朝・田代陣基
『葉隠入門』三島由紀夫
『ツァラトゥストラ』ニーチェ
『養生訓』貝原益軒
『病牀六尺』正岡子規
『墨汁一滴』正岡子規
『楢山節考』深沢七郎
『風立ちぬ』堀辰雄
『疾中』宮沢賢治
『夜と霧』ヴィクトール・E・フランクル
『天平の甍』井上靖
『今日われ生きてあり』神坂次郎
『いしぶみ　広島二中一年生全滅の記録』広島テレビ放送（編）
『きけ　わだつみのこえ』日本戦没学生記念会（編）
『西郷南洲遺訓』西郷隆盛
『風姿花伝』世阿弥
『古事記』
『日本の面影』ラフカディオ・ハーン
『逝きし世の面影』渡辺京二
『銀河鉄道の夜』宮沢賢治
『春と修羅』宮沢賢治

著者略歴

齋藤 孝（さいとう・たかし）

1960年静岡生まれ。明治大学文学部教授。東京大学法学部卒。同大学院教育学研究科博士課程を経て現職。『身体感覚を取り戻す』（NHK出版）で新潮学芸賞受賞。『声に出して読みたい日本語』（毎日出版文化賞特別賞、2002年新語・流行語大賞ベスト10、草思社）がシリーズ260万部のベストセラーになり日本語ブームをつくった。著書に『読書力』『考え方の教室』（岩波新書）、『現代語訳学問のすすめ』（筑摩書房）、『雑談力が上がる話し方』（ダイヤモンド社）、『頭がよくなる思考法』『頭がよくなる図化思考法』（小社新書）等多数。TBSテレビ「情報7days ニュースキャスター」等テレビ出演多数。NHK Eテレ「にほんごであそぼ」総合指導。

【大活字版】

悔《く》いのない人生《じんせい》

死《し》に方《かた》から生《い》き方《かた》を学《まな》ぶ「死生学《しせいがく》」

2018年 5 月15日　初版第1刷発行

著　者　齋藤《さいとう》 孝《たかし》

発行者　小川 淳

発行所　SBクリエイティブ株式会社

〒106-0032　東京都港区六本木2-4-5

電話：03-5549-1201（営業部）

装　幀　長坂勇司（nagasaka design）

組　版　米山雄基

執筆協力　澁川祐子

印刷・製本　大日本印刷株式会社

本書は以下の書籍の同一内容、大活字版です
SB新書「悔いのない人生」

ISBN 978-4-7973-9653-9